충만

김길 지음

규장

프롤로그

능력 있는
성령의 사람으로
사는 삶

1998년 여름, 예수전도단 서울 대학생 DTS(예수제자훈련학교)에 가서 처음 제자도 강의를 했다. 막상 강의를 맡았지만 어떻게 해야 하는지 방향을 잡지 못했다. 예를 들어 중보기도, 영적전쟁, 하나님을 경외하는 마음 같은 강의들은 전형적인 포메이션(formation)이 있다.

그러나 제자도 강의는 일정한 형식이 없었다. 전체 강의 주제가 제자도인데 따로 제자도 강의를 한다는 것이 쉽지 않았다. 제자도에 관한 책들을 찾아 읽었지만 딱히 이렇다 할 만한 방향을 찾기도 힘들었다. 그러던 중에 옥한흠 목사님께서 제자를 한마디로 정의하기 어렵다고 쓴 글을 보았다. 왜냐하면 성경이 제자에 대해서 정확하게 정의해주지 않았기 때문이라는 것이다. 위로가 되는 한편, 맞는 말이라는 생각이 들었다.

그러면서 내 나름대로 생각을 정리했다. 제자훈련을 어디서, 누구에게 받는가 하는 것이 제자의 모습에 많은 영향을 미친다는 것이다. 대학생 선교단체 간사들이 모이는 학원복음화협의회나 선교한국에서 하는 농담이 있다.

만약 행사를 진행하다 비가 오면 각 선교단체는 어떻게 반응할까 하는 것이다. CCC(한국대학생선교회)는 '주여, 이 비를 멈추어주옵소서'라고 기도하고, IVF(한국기독학생회)는 '어떻게 할 것인지 토론을 하자'고 하고, 예수전도단(YWAM)은 '하나님께서 왜 이런 상황을 주셨는지 물어보자'고 한다. 각 단체마다 인격적 특성이 있다는 것을 나타내는 유머이다.

그러한 특성 속에서 다 같은 예수님의 제자이지만 단체의 영향을 받은 일정한 유형들을 갖게 된다는 생각을 하게 되었다. 나는 예수전도단에서 제자도 강의를 했기 때문에 아무래도 그 영향을 받았을 것이다. 그렇지 않았다면 계속되는 강사 평가 속에서 13년 동안 DTS 강의를 할 수는 없었을 것이다.

그동안 강의를 통해 제자가 갖는 몇 가지 특성을 나름대로 정리해보았다.

첫째로 제자는 자신의 죄와 연약함을 알고 싸우는 사람이다. 둘째는 예수님이 주신 사명을 알아서 먹고사는 문제보다 사명을 우선시하는 사람이다. 셋째는 성령의 인도하심에 순종하여 열매를 맺고, 은사가 나타나서 그리스도 몸을 세우는 사람이고, 넷째는 선교에 헌신한 사람이다.

첫 번째 책인 《증언》이 죄와 연약함에 대한 기록이고, 《사명》이 사명으로 구조화 된 삶을 위한 지침이라면, 이번 책 《충만》은 성령의 능력으로 속사람이 강건해져서 은혜 안에서 자신을 지키고 그리스도의 몸을 섬길 수 있는 능력 있는 성령의 사람, 제자의 삶에 대한 기록이라고 할 것이다.

'수많은 책이 있는데 왜 또 책을 써야 하는가'라고 스스로에게 묻곤 한다. 그것은 마치 '많은 교회가 있는데 왜 또 교회를 개척해야 할까' 하는 질문과도 유사하다. 그때마다 하나님이 주시는 마음은 부족한 나에게 주시는 은혜가 있고 그것을 나누라는 것이다. 교회가 많지만 각각의 교회를 향한 하나님의 계획과 스토리가 있는 것처럼…. 무언가 옳은 것을 논증하고 증명하기 위함이 아니라 내가 경험한 것을 나누기 위함이다.

그런 면에서 권능은 '은사를 받는 것'이라는 생각에 대해서 '예수님을 증거하는 능력'이라는 좀 더 포괄적인 접근이 필요하다고 생각했다. 성령충만한 삶 또한 아무 근심 없는 삶이 아니라 삶의 세밀한 상황 속에서 성령님의 인도하심을 따라 훈련함으로써 맺어지는 열매가 풍성한 삶이라고 말하고 싶다. 부디 독자들에게 충만함에 대한 메마른 정의가 아니라, 충만한 삶에 대한 도전과 동기부여를 주는 책이 되었으면 좋겠다.

놀라운 근성과 수고로 부족한 원고를 정리해준 편집진을 만나게 하신 하나님께 감사와 영광을 돌린다. 아이들을 돌보느라 피곤한 상황에서도 언제나 성실하게 원고를 읽어주고, 시름에 빠져 글을 중단하고 싶을 때마다 잘하고 있다고 격려해준 아내에게 고마움을 전한다.

성령충만한 조국을 꿈꾸며 김길

프롤로그

권능을 받고

CHAPTER 1 예수님을 증거하는 능력 13
무엇을 구할 것인가 | 목숨 걸고 증거하라 | 권능의 분별 | 왜 구하는가 살펴라 | 섬김의 능력 | 삶으로 드러나는 권능 | 각성을 일으키는 메시지

CHAPTER 2 진정한 권능 45
믿음이 깊어지는 체험들 | 은사와 성품의 통제 | 권능을 구하는 법 | 하나님의 영광과 다른 사람의 유익 | 은사보다 열매 | 권능의 척도

충만하여

CHAPTER 3 성령으로 충만하다는 것 73
예수님께 붙어 있는 것 | 인도함을 받는 특권 | 충만에 대한 오해 | 충만을 방해하는 것들 | 속사람의 회복 | 정직한 마음의 고백 | 마음이 쉬어야 한다

CHAPTER 4 충만 훈련 I 105
생각 정리하기 | 욕심 내려놓기 | 겸손히 순종하라 | 멈추고 은혜를 누려라 | 묻고 행하기 | 하나님의 뜻을 묻지 않는 이유

차례

CHAPTER **5** 충만 훈련 II 127
은혜가 줄어드는 것을 두려워하라 | 주시는 마음 없이 움직이지 마라 | 끝까지 깨어 있으라 | 작은 부담이라도 순종하라 | 마음의 찔림을 무시하지 마라 | 성령 안에서 기도하라

열매를 보여라

CHAPTER **6** 핵심 문제의 해결 155
쓰임받는 사람의 특징 | 핵심 문제를 파악하라 | 믿음의 선한 싸움 | 즐겁게 기다리기

CHAPTER **7** 그리스도의 몸 세우기 176
하나님의 성품을 흐르게 하라 | 사랑으로 하나되게 하라 | 온전한 양육과 성숙 | 깨어진 마음의 학교 | 몸을 먼저 생각하라

CHAPTER **8** 풍성한 열매를 맺는 삶 201
화평을 위한 희생 | 환경에 좌우되지 않는 마음 | 참을 수 없을 때 참는 힘 | 친절 훈련 | 열매와 능력을 흘려보내라

에필로그

권능을 받고

우리는 간절히 기도해야 한다. 복음을 전하다가 목숨이 위협받을 때 생명을 구하는 심정으로 권능을 구해야 한다. 예수님을 나타내는 삶은 언제나 방해를 받고 어려움에 처한다. 내 힘으로는 불가능하다.

FULLNESS

주여 이제도 그들의 위협함을 굽어보시옵고 또 종들로 하여금 담대히 하나님의 말씀을 전하게 하여주시오며 손을 내밀어 병을 낫게 하시옵고 표적과 기사가 거룩한 종 예수의 이름으로 이루어지게 하옵소서 행 4:29,30

CHAPTER 1
예수님을 증거하는 능력

무엇을 구할 것인가

한 사역자의 글을 읽은 적이 있다. 제자훈련으로 무장된 사람들이 성령으로 충만해지기를 기도하고 있다는 내용이었다. 많은 사람들이 제자훈련의 한계를 지적한다. 전도를 잘하는 분들은 제자훈련은 전도하게 하지는 못한다고 한다. 성령사역을 하시는 분들은 제자훈련은 신앙을 건조하게 만든다고 한다.

정말 그런가? 나는 대학생 때부터 제자훈련을 받았고 나중에는 제자훈련 강사가 되었다. 물론 모든 제자훈련이 동일한 것은 아니다. 내 경험은 예수전도단(이하 예전단)이라는 단체 안에서의 경험이라는 한계가 있다. 그럼에도 제자훈련의 동일한 특성이 있다.

그것은 예수님을 닮아가고, 성령의 열매(갈 5:22,23)를 맺어가는 사람을 만드는 훈련이라는 것이다. 성령충만하지 않으면 제자로 훈련되지 않는다. 은사는 받으면 바로 나타나지만 성령의 열매를 맺는 데는 시간이 걸린다. 인격의 변화는 하루아침에 이루어지지 않기 때문이다. 진정한 성령의 역사는 인격의 변화를 가져오므로 인격의 변화가 일어나지 않는 역사는 잘 분별해야 한다.

제자훈련은 나의 의로움을 증가시키는 훈련이 아니다. 도리어 자기 부인(否認)이 강력하게 요구된다. 왜 제자훈련이 선교단체를 중심으로 일어났는가? 그것은 비교적 신분이 자유롭고, 책임져야 할 가족이 없는 대학생 때 자신의 안락한 미래를 포기하고 다른 나라에 가서 복음을 전하는 선교사로 헌신하게 하는 도전이 가능했기 때문이다. 자신의 꿈이 아닌 예수님의 꿈을 이루게 하는 것이 제자훈련의 핵심이다.

지금까지 사역을 하면서 가장 강력하고, 영향력이 있고, 결과가 좋은 역사는 십자가 앞에서 자기를 부인할 줄 아는 공동체가 선교에 헌신해 있을 때 일어났다. 선교에 헌신하지 않는 역사를 잘 살펴서 분별해야 한다. 그런 경우는 하나님이 아니라 사람을 높이는 일이 될 염려가 있다. 괜한 걱정이 아님을 기독교 역사가 증명한다. 미국의 유명한 부흥사들이 그러했고 바울같이 성숙한 하나님의 사람도 자고(自高)할까봐 그의 몸에 가시가 있었다고 했다.

베드로가 앉은뱅이를 고쳤을 때 사람들이 크게 놀라며 '솔로몬의 행각'에 모였다.

베드로가 이것을 보고 백성에게 말하되 이스라엘 사람들아 이 일을 왜 놀랍게 여기느냐 **우리 개인의 권능과 경건으로 이 사람을 걷게 한 것처럼 왜 우리를 주목하느냐** (행 3:12)

베드로는 자신의 권능과 경건으로 이 일을 한 것이 아니라고 하면서 바로 예수님을 증거한다.

너희가 거룩하고 의로운 이를 거부하고 도리어 살인한 사람을 놓아 주기를 구하여 생명의 주(主)를 죽였도다 그러나 하나님이 죽은 자 가운데서 그를 살리셨으니 우리가 이 일에 증인이라 그 이름을 믿으므로 그 이름이 너희가 보고 아는 이 사람을 성하게 하였나니 **예수로 말미암아 난 믿음이 너희 모든 사람 앞에서 이같이 완전히 낫게 하였느니라** (행 3:14-16)

베드로는 병 고침을 예수님을 전하는 기회로 완벽하게 사용했다. 그 전에도 베드로는 방언이 강력하게 나타난 걸 보고 사람들이 놀랄 때 예수님을 전하는 기회로 삼았었다.

방언 받은 것을 서로 자랑했던 고린도교회와는 달랐다. 베드로와 바울은 예수님을 전하는 과정에서 방해를 받을 때 귀신을 쫓아내는 일을 하곤 했다.

능력이 나타나는 것은 오직 예수님을 효과적으로 증거하기 위해서다. 원수를 쫓아내는 것이 우선이 아니라 예수님이 증거되는 것이 우선이다. 우리에게 항상 우선되어야 하는 것이 무엇인가? 능력인가, 예수님을 증거하는 것인가. '무엇을 구할 것인가'를 결정해야 한다. 눈에 나타나는 현상을 구할 것인가 아니면 담대히 예수님을 증거하는 것을 구할 것인가.

목이 부은 지체가 병원에 가서 촬영을 했는데 목 부위에서 석회질이 보인다고 했을 때, 다운증후군 조카를 둔 지체가 임신을 했는데 태아의 기형아 수치가 높아 재검사가 필요하다고 했을 때 나는 피눈물을 흘리며 기도했다. 실제로 피를 흘린 건 아니었지만 거리에서 복음을 증거하고 교회를 세우는 개척 멤버들에게 이런 일들이 일어나면 어떻게 예수님을 전할 수 있겠느냐고 하나님께 간절히 매달렸다.

다행이 부은 목이 가라앉고 오진을 의심할 정도로 석회질은 없어졌다. 그리고 태아의 기형아 수치는 정상이 되었다. 담대히 예수님을 증거하고자 할 때 능력은 자연스레 나타난다. 그것은 예수님이 약속하신 것이고 성경에 기록된 것이다.

또 이르시되 너희는 온 천하에 다니며 **만민에게 복음을 전파하라** 믿고 세례를 받는 사람은 구원을 얻을 것이요 믿지 않는 사람은 정죄를 받으리라 **믿는 자들에게는 이런 표적이 따르리니** 곧 그들이 내 이름으로 귀신을 쫓아내며 새 방언을 말하며 뱀을 집어올리며 무슨 독을 마실지라도 해를 받지 아니하며 병든 사람에게 손을 얹은즉 나으리라 하시더라 (막 16:15-18)

온 천하에 다니며 만민에게 복음을 증거할 때 믿는 사람들에게 나타나는 자연스러운 현상들에 대해서 예수님이 약속하신 내용이다. 귀신을 쫓아내고 새 방언을 말하고 병든 사람에게 손을 얹은즉 낫게 된다는 것이다. 복음을 전할 때 나타나는 표적들에 목적을 두기보다 예수님을 전하는 것에 더 신경을 써야 한다.

목숨 걸고 증거하라

예수님과 함께 있는 동안 제자들은 예수님이 누구신지 알지 못했다. 오직 자신들이 원하는 예수님으로 알고 싶었을 뿐이었다. 그들은 예수님이 높은 권력자가 되실 줄 알았다.

여짜오되 주의 영광 중에서 우리를 하나는 주의 우편에, 하나는 좌편에 앉게 하여주옵소서 예수께서 이르시되 **너희는 너희가 구하는 것**

을 알지 못하는도다 내가 마시는 잔을 너희가 마실 수 있으며 내가 받는 세례를 너희가 받을 수 있느냐 (막 10:37,38)

제자들은 예수님의 말씀대로 알지 못하는 것을 구하고 있었다. 그들은 자신의 욕심을 따라 자신의 영광을 구하고 있었던 것이다. 자신의 욕심대로 무언가를 구할 때 주변 상황도 들어오지 않고 하나님의 뜻은 더욱 알지 못하게 된다. 순식간에 객관성을 잃어버리고 나의 욕심에 사로잡히는 것이다. 그러나 잘 살펴보면 어떤 문제가 문제로 발전되는 과정에는 아주 오래 전에 객관성을 잃어버린 욕심에 붙잡힌 태도가 있기 마련이다.

사람은 자신의 욕심은 알지만 예수님은 모른다. 예수님이 누구신지 모르기 때문에 자신의 욕심을 따라 자신이 원하는 것을 구한다. 예수님은 십자가를 지심으로 인류를 구원하시고 그러한 사실에 대한 증인으로 제자들을 부르시고 훈련시키셨다.

그러나 제자들은 예수님과 함께 나라를 세워서 한 자리씩 차지하고 싶었던 것이다. 오병이어 기적이 일어나고 사람들이 예수님을 억지로 임금 삼고자 할 때 제자들은 크게 흥분했을 것이다. 그런데 예수님은 혼자 산으로 기도하러 가시고 제자들을 호수 건너편으로 보내신다.

다음 날, 사람들이 다시 몰려와서 예수님께 친한 척하자 예수님은 너희가 떡을 먹고 배부른 까닭에 나를 찾는다고 하면서 썩을 양식을 위하여 일하지 말고 영생하도록 있는 양식을 위하여 하라고 직격탄을 날리셨다. 사람들은 수군거리며 떠나갔다(요한복음 6장 참조).

예수님이 누구신지 알아야 한다. 나의 욕심을 채워주고 자리를 주시는 분이 아니라 하나님의 아들로서 십자가를 지심으로 인류를 구원하신 분임을, 나를 위하여 대신 죽으신 분임을 말이다.

그리고 나 자신을 알아야 한다. 나는 예수님이 행하신 일에 대한 증인, 즉 복음을 전하는 사명을 받은 사람이라는 것을 말이다. 예수님이 누구신지 모르고, 그가 하는 일이 무엇인지 모르면, 자기도 모르는 것을 구하게 된다. 예수님이 누구신지 정확하게 알고 또 그 예수님을 증거하는 사명을 받은 사람임을 알아서 사명에 필요한 것을 구해야 한다.

제자들은 위협을 목전에 두고 오직 예수님을 증거하는 권능을 구했다. 어떠한 피해 의식도 자기 연민도 없었다.

주여 이제도 그들의 위협함을 굽어보시옵고 또 종들로 하여금 담대히 하나님의 말씀을 전하게 하여주시오며 손을 내밀어 병을 낫게 하시옵고 표적과 기사가 거룩한 종 예수의 이름으로 이루어지게 하옵소서 하더라 빌기를 다하매 모인 곳이 진동하더니 무리가 다 성령이 충만하여 담대히 하나님의 말씀을 전하니라 (행 4:29-31)

표적과 기사를 구하는 그들의 기도는 간절했다. 자신을 위한 소원이 아니라 예수님을 목숨 걸고 증거하고자 하는 간절함이다. 그들 앞에는 감옥과 순교가 기다리고 있었다. 그때 그들이 구한 것은 담대히 복음을 전하는 일을 위하여 예수님의 이름으로 행해지는 표적과 기사였다.

초대교회 성도들이 처한 상황과 우리의 상황은 분명히 다르다. 그러나 예나 지금이나 복음을 전할 때 표적과 기사가 필요한 것은 똑같다. 성령님이 임하시고 권능을 받아서 복음을 전하라고 예수님이 말씀하셨기 때문이다. 우리는 간절히 기도해야 한다. 복음을 전하다가 목숨이 위협받을 때 생명을 구하는 심정으로 권능을 구해야 한다.

예수님을 나타내는 삶은 언제나 방해를 받고 어려움에 처한다. 내 힘으로는 불가능하다. 예수님을 나타내고자 할 때부터 인생은 쉽지 않다. 적당히 죄 짓고 원수와 한편으로 살며 예수님을 증거하지 않을 때는 죄와 고통이 있을지언정 방해는 없다. 그러나 죄를 이기고 원수를 물리치고 예수님을 증거하는 삶을 살고자 하면 자신의 능력이 얼마나 보잘것없으며 결코 성령의 능력이 아니고서는 예수님을 조금도 증거할 수 없다는 것을 알게 된다.

그래서 간절히 기도해야 한다. 목숨 걸고 기도한 결과 받은 권능이 필요하다. 권능을 받기 위해 목숨을 건 것이 아니다. 예수님을 증거하기 위해 목숨을 걸었더니 자연스레 나타난 것이 권능이다. 예수님을 증거하는 삶이 자신의 목숨보다 중요함을 기도로 증명해야 한다. 그렇다면 누구에게나 권능은 나타난다. 목숨 걸고 예수님을 나타내고자 굳게 결심하고 믿음이 흔들리지 않는데 왜 역사가 일어나지 않겠는가?

하나님께서 기뻐하시는 일로 기도할 때 강력한 은혜의 임재가 있다. 빌기를 다하매 모인 곳이 진동하고 무리가 다 성령이 충만하여 한 것이 무엇이었는가? 그들은 담대히 하나님의 말씀을 전했다. 계속해서 성령충만한 삶을 살고 싶다면 계속해서 예수님을 증거하는 삶, 예수님을 나타내는 삶을 살아야 한다.

구체적인 행동도 중요하지만 마음이 늘 성령으로 충만하다면 반드시 어떤 형태로든 예수님을 나타내게 된다. 의도된 행동보다 자연스럽게 흘러가는 예수님의 성품과 능력이 더 효과적이다. 말로 증거하는 것이 아니라 예수님의 성품과 능력으로 증거하는 것이 필요하다. 성령께서 나를 통하여 예수님을 나타내고자 하신다면 바로 순종해야 한다. 무엇을 하든지 나 자신을 위한 것이 아니라 예수님을 증거하기 위한 순종이어야 한다.

우리 교회 교인은 아니었지만 몸이 아픈 성도를 위해 병원으로 세 번 찾아간 적이 있다. 그는 훈련 프로그램 간사였는데 다른 간사님들이 심방을 부탁했던 것이다.

세 번째 갔을 때 성령 하나님이 주시는 부담감이 있어서 몸이 아프신 간사님의 신발을 신겨드렸다. 작은 행동이었지만 예수님이 나타나고 원수가 물러가고 있다는 느낌이 들었다. 몸이 아프신 간사님에게 위로가 된 것 같고 옆에 있던 간사님들에게는 조금 충격이 된 것 같다. 그것은 정말로 성령 하나님이 주신 부담이었고 아주 작은 순종이었다. 예수님을 나타내고자 나의 뜻을 굽히고 순종할 때 마음이 새로워지고, 성령으로 충만해지며, 예수님이 증거되는 권능이 흘러감을 느낀다.

권능의 분별

권능 자체에 대한 규명은 쉽지 않다. 예수님을 증거하는 과정에서의 권능이라야 분별할 수 있다. 그렇지 않다면 우리 관심 밖이고 그런 권능은 강호동 씨가 진행하는 〈스타킹〉에서 관심을 가질 것이다.

권능은 예수님을 증거하도록 성령께서 주시는 능력이다. 예수님은 승천하시기 전에 성령님이 임하시면 제자들은 권능을 받고 증인된 삶을 살게 될 거라고 약속하셨다. 실제로 제자들은 간절히 기도함으로써 성령으로 충만하게 되었다. 그러자 그들은 바로 기탄없이 복음을 증거하는 사람들이 되었다. 그들은 성령을 받은 이후 두려움을 극복했다.

예수님이 잡혀 가실 때 그들은 모두 두려움 가운데 도망 다니는 사람들이었다. 제자들 중에 도망가지 않은 사람은 아무도 없었다.

제자들이 다 예수를 버리고 도망하니라 한 청년이 벗은 몸에 베 홑이불을 두르고 예수를 따라가다가 무리에게 잡히매 베 홑이불을 버리고 벗은 몸으로 도망하니라 (막 14:50-52)

그러나 성령을 받고 예수님을 증거하기 시작한 그들은 살해의 위협을 두려워하지 않게 되었다.

관리들이 백성들 때문에 그들을 어떻게 처벌할지 방법을 찾지 못하고 다시 위협하여 놓아주었으니 이는 모든 사람이 그 된 일을 보고 하나님께 영광을 돌림이라 (행 4:21)

두려움을 극복하는 것은 신앙생활에 있어서 스스로 서는 데 중요한 항목이다. 두려움은 우리를 위축시키고 성령 하나님만을 의지하면서 예수님을 증거하는 삶을 살지 못하도록 방해하기 때문이다. 바알의 선지자들을 죽였던 엘리야처럼 나 혼자만 남았다는 두려움을 극복하고 예수님을 증거하는 일은 쉽지 않다.

예수님을 증거하는 삶을 살다보면 어디서나 이유 없이 공격받을 수 있고 박해받을 수 있다. 아무 어려움 없이 즐겁게만 전도할 수 없다. 원수가 싫어하고 세상이 싫어하기 때문이다. 필연적으로 방해를 받는다. 제자들도 성령 받고 예수님을 증거하고 기적을 일으키자마자 바로 공격을 받고 재판을 받기 시작했다. 베드로는 감옥에 갇혔다. 기적 후에는 박해가 온다. 예수님은 죽은 나사로를 살리셨지만 그때부터 더욱 고난을 받으셨다.

이 날부터는 그들이 예수를 죽이려고 모의하니라 (요 11:53)

대제사장들이 나사로까지 죽이려고 모의하니 나사로 때문에 많은 유대인이 가서 예수를 믿음이러라 (요 12:10,11)

처음 거리에서 기도하고 예배드릴 때 제대로 된 기도와 예배를 드릴 수 없었다. 기도하는 모습을 지나가는 사람들이 쳐다보기 때문이다. 그렇지 않아도 마음에 부담이 있는데 사람들의 시선은 더욱 우리를 위축되게 한다. 그래서 본능적으로 사람들의 시선을 조금이라도 덜 받는 곳에 서고 싶어진다.

아무리 조심해도 기도가 깊어지면 건물에서 일하시는 분들이 나온다. 주일이라 쉬는 날인데도 CCTV를 보시고 나오셔서 우리를 쫓아낸다. 그러면 그날은 기도가 끝난 것이나 다름없다. 더 이상 기도도 나오지 않고 사람들도 만감이 교차하는 표정이 된다. 지체들은 나름대로 결심하고 거리로 나오는데 그런 일을 겪게 되면 더 이상 오고 싶어 하지 않는다. 그런 표정을 보고 있는 나도 심란하기는 마찬가지다. 이럴 때 담대함이 필요하다. 나는 담담하게 말해준다.

"사람들이 쳐다보고 가는 게 신경 쓰이고, 기도가 중단되면 마음이 어려워져서 아무것도 못하는 사람이 어떻게 명신교회를 섬기겠습니까. 방해 없는 기도와 예배를 원한다면 다른 곳으로 가세요."

방해가 괴로운 것이 아니라 방해를 받을 때 정신없어 하고 마음이 복잡해지는 사람들을 보는 것이 더 괴롭다. 이 정도 방해를 즐기지 못한다면 제자가 아니다. 누가 핍박하는 것도 아닌데 지나가는 사람들 눈치나 보면서 마음이 위축되면 무엇을 하겠는가? 마음 약한 사람들, 조금만 마음이 흐트러져도 아무것도 못하는 사람들과 도시 부흥을 꿈꿀 수 없다.

물론 주변 사람들이 피곤하고 어려움을 겪는데 나는 예수님을 증거한다고 하는 것은 비인격적이다. 도시에 축복이 되고 싶다. 두려움을 극복하고 담대함으로 무장해서 어떤 상황에서도 예수님의 성품을 흘러보내는 제자가 되어야 한다.

지체들도 몇 번 겪고 나더니 완전히 담대해졌다. 기도하다 누가 와서 뭐라고 하면 조용히 그곳을 떠나 다른 곳에서 기도한다.

아무렇지도 않다. 두려워하지 않고 다투지 않는다. 사랑으로 도시를 축복할 뿐이다.

두려움을 극복해야 복음을 증거할 수 있다. 건강한 공동체에서 보호를 받으며 즐거운 신앙생활하면서 부족함 없이 예수님을 증거하는 것을 꿈꾸지 마라. 그런 꿈이 나쁘다고 할 수 없으나 만약 두려운 상황이 오면 어떻게 할 것인가. 그래서 우리는 성령충만하여 담대할 필요가 있다. 담대함은 성령께서 주신 권능이다. 예수님을 증거하다가 홀로 있거나 핍박을 받아도 두렵지 않다면 권능을 받은 것이다.

왜 구하는가 살펴라

예루살렘교회는 기적이 일어나는 교회이고 사도들이 목회하는 교회였다. 그러나 스데반 집사의 순교로 말미암아 사도들을 제외하고 모두 흩어지게 되었다. 흩어진 그들은 무엇을 하였는가.

그때에 스데반의 일로 일어난 환난으로 말미암아 흩어진 자들이 베니게와 구브로와 안디옥까지 이르러 **유대인에게만 말씀을 전하는데** 그 중에 구브로와 구레네 몇 사람이 안디옥에 이르러 **헬라인에게도 말하여 주 예수를 전파하니 주의 손이 그들과 함께하시매 수많은 사람들이 믿고 주께 돌아오더라** (행 11:19-21)

좋은 목사님이 안 계시고 충분히 은혜받는 교회 분위기가 아니어도 예수님을 증거하는 삶을 살 수 있어야 한다. 그것이 자생력(自生力)이다. 성령 하나님의 도움을 받아 예수님을 증거할 수 있는 삶이 되어야 한다. 만약 예수님을 믿지 않는 사람들로 가득한 직장에 갔거나 예수님을 경외함이 없는 사람들과 우상으로 가득한 나라에 주재원으로 갔다면 어떻게 할 것인가? 공급이 없으면 무너지는 것이 정상인가? 성령충만한 지도자와 교회가 없으면 예수님을 증거하지도 못하고 자기 욕심을 따라 무너지는 삶을 사는 것이 당연한가? 만약 권능을 받았다면 그는 어디서나 예수님을 증거할 수 있는 기적을 체험하는 사람이 된다.

주의 손이(능력이) 흩어져서 복음을 전하는 사람들을 도우셨다. 권능은 복음 증거를 위해 주신 것이다. 예수님을 증거하지 않는 권능은 성경에 위배된다. 왜 권능을 구하고 성령의 능력을 구하는지 먼저 살필 필요가 있다. 1907년 평양 대부흥에 앞서 있었던 1903년 원산 부흥의 핵심이 무엇인가! 그것은 조선에 온 선교사들이 복음을 증거하는 데 권능이 필요한 것을 절감하고 낙담하고 있던 상태에서 조선 사람을 무시했던 죄에 대한 회개가 일어남으로 부어진 권능이다. 정말 복음을 전하고 싶은데 권능이 부족하다면 적극적으로 구해야 한다.

명신교회 리더들과 함께 이 부분에 대해서 많은 이야기를 했다.

담임목사가 설교 잘하고, 교회 건물이 편안하고, 사람들을 감동시키는 예배 형식을 갖추는 것보다 성도 각자가 예수님을 잘 증거할 수 있는 권능을 받아서 자신에게 맡겨진 영혼을 책임질 수 있는 강건한 교회를 꿈꾸었다. 그래서 오래 전부터 권능을 부어주시도록 기도했으나 부어지지 않았다. 이미 방언도 하고, 다른 은사들도 있고, 심지어 오랫 동안 선교단체 간사를 했음에도 다른 사람을 먹이고 도울 수 있는 능력이 부족함을 느낄 수밖에 없었다.

무엇이 문제인지 교회 지체들과도 함께 고민하면서 기도했다. 결론은 교회 구성원 각자가 누군가를 제자로 살도록 세우고 기를 수 있는 권능이 없다는 것이었다. 위로부터 부어지는 능력이 필요하다는 절실한 동의가 우리 모두에게 있었다.

'예전에는 되던 것이 왜 지금은 되지 않을까' 하는 고민은 쉽게 해결되지 않았다. 여기에는 두 가지 추측이 있었다. 하나는 전에 되던 것들은 나에게 부어진 권능이 아니라 포지션(position)에 따른 임무 수행 성격이 강했다는 것이다. 한동안 우리의 주요한 이슈는 '청년부 회장처럼 사역하지 말라'는 것이었다. 청년부 회장이 1년의 임기 동안 이러저러한 행사를 치르듯이 소그룹을 이끌지 말라는 것이다. 자신에게 부어진 은혜 없이도 일할 수 있는 행사 치르는 소그룹이나 교회가 되어서는 안 된다.

다른 사람을 복음 안에서 낳고 기를 수 있는 영적 아비가 되어야 한다는 것이 우리의 결론이었다. 포지션을 맡아서 임무 수행하는 청년부 회장 같은 역할은 해보았으나 누군가를 품고 낳고 기르는 아비의 수고를 해보지 못한 것이다. 매니저나 선생이 아니라 영적인 부모가 되어야 한다는 도전이었다.

또 하나는 도시에서 전쟁을 치르면서 사람을 섬기기 때문에 방해가 전보다 더 심하다는 것이다. 방해가 없으면 쉽게 사역할 수 있다. 그러나 방해가 심해지면 늘 방해를 의식하면서 일을 해야 하기 때문에 똑같은 조건이라 해도 전만큼 성과가 없다. 어쨌든 우리는 이전보다 훨씬 강한 권능을 받아야 했다. 청년부 회장 하던 정도의 권능을 받아서는 사람을 세울 수 없고 원수를 다스릴 수 없다.

섬김의 능력

초대교회가 핍박과 순교 앞에서 담대함이 필요했다면 지금 우리에게 필요한 권능의 성격은 아마도 섬김의 능력이 아닐까 싶다. 본래 기독교는 희생하지 않으면 욕먹게 되어 있다. 남에게 피해를 주지 않았어도, 희생하지 않고 십자가를 지지 않으면 원수가 욕하고 공격하는 빌미를 주는 것이다.

아무 잘못도 안 했는데 욕한다고 뭐라 할 일이 아니다. 기독교가 자신만을 위해 산다면 그것은 예수님과 다른 삶이기 때문에 원수에게 비난할 기회를 주는 것이다.

만약 우리가 예수님을 닮은 삶을 산다면 원수는 두려움을 느낄 것이다. 로렌 커닝햄은 《네 신을 벗으라》라는 책 서문에서 무시무시한 전쟁에서 이기는 방법은 권리를 포기하는 것이라고 말한다. 십자가는 전쟁을 승리하게 한다. 십자가가 없으면 원수가 이긴다. 핍박이 없으면 우리는 자발적인 섬김으로 복음을 증거해야 한다. 다른 사람을 괴롭히면서도 아니고 핍박과 희생 없이 편하게 하는 것이 아니라 희생의 섬김을 즐겁게 할 수 있는 능력을 받아야 한다. 선교지에서는 지금도 핍박이 있다. 그래도 대한민국은 예수님을 전한다고 죽이지는 않는다. 그렇다면 우리에게 필요한 것은 섬김의 능력이며 자발적인 희생이다.

〈다큐멘터리 3일〉이라는 프로그램에서 노량진 고시촌 풍경을 담담히 애정 어린 시선으로 담아낸 것을 보았다. 지방에서 상경하여 각종 취직 시험을 준비하기 위해 수고하고 있는 청춘들을 격려하는 내용이었다. 청년 사역자로서 관심 있게 보고 있다가 깜짝 놀랐다. 담담하던 다큐가 갑자기 선교 방송이 되었기 때문이다. 내용은 이러했다.

노량진 고시촌의 한 교회에서 아침마다 고시생들을 위해 무료로 밥을 해준다. 나이 드신 권사님들이 새벽부터 나와서 밥을 하는데 전혀 힘들어 하시지 않고 오히려 공부하는 청년들이 고생한다고 따뜻하게 위로하는 것이었다. 교회를 다니든지 다니지 않든지 그 교회의 아침 식사는 노량진 사람들이 다 안다고 한다. 혹 그곳에서 식사를 하던 사람이 취직을 하면 첫 월급을 부치거나 부식을 사서 보낸다고 하니 진정한 권능의 섬김이 거기 있었다.

어떤 사람이 권능을 받았다면 그 사람이 만난 하나님에 대한 경험에서 나오는 창조적인 섬김의 능력이 있다. 우리가 복음을 전하고자 할 때 복음을 듣게 될 사람이나 지역에 대한 문제를 먼저 해결해야 하는 경우가 많다. 복음이 필요한 그 사람이 안고 있는 문제에 대한 해결의 실마리를 제공할 필요가 있는 것이다. 해결의 실마리는 하나님이 주신다. 복음을 증거하는 사람들은 자신이 만난 하나님이 주시는 권능으로 다른 사람을 섬기도록 부름받은 것이다. 그렇게 다른 사람의 문제를 돕고 예수님을 증거하다보면 오히려 자신이 권능으로 무장되는 것을 알게 된다.

예전단 대학부 간사로 섬길 때 몇몇 캠퍼스를 개척했다. 개척하러 다닌 캠퍼스들은 개척 자체의 어려움 외에 또 다른 어려움을 가지고 있었다. CCC 말고는 선교단체를 모른다는 거다. 다른 선교단체가 왜 필요한지 이유를 알지 못하는 사람들을 이해시키는 것이 쉽지 않을 때가 있었다. 각 종교마다 단체가 하나씩 있듯이 기독교 단체도 하나만 있어야 한다는 말에 힘이 풀렸다.

혹 학생들이 연결되어도 학교 자체에 관심이 없을뿐더러 자신의 삶도 힘들어서 선교적인 훈련은 생각지도 못하는 상황이었다.

열심히 훈련시키면 다음 학기에 등록을 못하거나 다른 학교로 편입하겠다는 학생들도 많았다.

개척하는 캠퍼스 학생들에게 예수님을 알게 하려면 먼저 학생들의 삶에 대해 예수님이 무슨 계획을 가지고 계신지 인격적으로 깨닫고 느끼고 알게 해야 한다. 한마디로 학생들이 은혜를 받아야 한다. 자신을 사랑하시고 인생을 위한 계획을 가지신 예수님을 만나는 은혜를 누렸다면 이제 삶에서 무너진 부분이 회복되도록 섬겨야 한다. 은혜 이후에 삶 속에서 구체적으로 어떻게 신앙인으로 살아야 하는지 가르치는 것이다. 개척 초기에 헌신은 상상도 못한다.

개척할 캠퍼스에 가서 주로 하는 일은 학생들과 함께 농구하고, 떡볶이 먹고, 은혜롭게 예배드리고, 가끔 학교 구석에서 고기를 구워 먹는 것이다. 조선대 간사를 할 때는 학교 뒷동산에서 닭을 호일에 싸서 구워먹었고, 중앙대 안성캠퍼스 간사를 할 때는 호숫가에서 안성시장에서 사온 삼겹살을 구워 먹었다. 즐겁고 따뜻한 교제지만 음식만 먹는 것은 아니다. 은혜 안에서 공동체를 이루어 자연스럽게 삶이 훈련되도록 가르치는 것이다.

그런 과정에서 주로 전달된 것은 하나님의 음성을 듣는 삶, 하나님을 경외하는 마음, 말씀 묵상, 내적치유, 영적전쟁, 중보기도 등이다. 예전단 간사라면 누구나 배운 것들이다. 나는 이런 내용이 내 삶에 충분히 뿌리내리기 전에 캠퍼스에 나가서 전하고 가르쳐야 했다. 그렇게 하는 동안 모든 내용들은 철저히 내 삶에 뿌리 내릴 수밖에 없었다.

캠퍼스를 개척하고, 사람들이 예수님 중심으로 살도록 열심히 섬기는 동안 열매가 있었다면 그것은 모두 성령의 역사이다. 인위적인 노력의 결과가 아니라 예수님을 증거하는 과정에서 생긴 자연스러운 역사였다. 어느덧 내 삶이 달라져 있었다. 로렌 커닝햄, 조이 도우슨 같은 믿음의 선배들의 가르침이 자연스레 내 삶이 된 것이다. 한마디로 권능을 받은 것이다.

만약 그때 개척하러 다니지 않고 사람들이 많은 캠퍼스에서 사역하면서 목회를 했다면 사역의 중요한 원리들이 내 것이 되지 못했을 것이다. 처음부터 시작하는 곳에서 모든 것을 하나씩 가르쳐야 할 때, 작게 배운 것도 하나님은 크게 쓰시고 기름부어 주셨다. 그런 경험들은 나중에 고스란히 DTS에서 강의할 수 있는 기반이 되었다. 배운 것 없이, 먼저 행한 것 없이 가르칠 수 없기 때문이다.

삶으로 드러나는 권능

나는 비천에 처할 줄도 알고 풍부에 처할 줄도 알아 모든 일 곧 배부름과 배고픔과 풍부와 궁핍에도 처할 줄 아는 **일체의 비결**을 배웠노라
(빌 4:12)

바울은 일체의 비결을 배웠다고 한다. 바울은 빌립보 교인들에게 자신의 전도 사역을 위해 헌금해준 것을 고마워한다. 나는 모든 것이 있고 풍부한데 너희가 보내준 것은 하나님이 받으시는 향기로운 제물이고 하나님을 기쁘시게 한다는 것이다. 그는 빌립보 교인들에게 선물을 구하는 것이 아니라 그들의 유익함을 위해 풍성한 열매를 구하는 것이라고 한다(빌립보서 4장 참조). 모두 맞는 말이다.

그는 빌립보 교인들 말고는 아무도 후원해주지 않아도 그에게 능력 주시는 자 안에서 모든 것을 할 수 있는 능력을 받은 사람이기 때문이다. 그는 사람을 의지하는 사람이 아니었다. 권능은 복음 전하는 사람에게 하나님이 모든 필요한 것을 주시는 능력이다.

바울은 복음을 증거하는 데 걸림이 되지 않도록 성령의 능력 안에서 스스로 삶의 문제를 해결할 수 있는 권능을 받았다. 생계를 해결한 것이 아니다. 복음 증거를 위한 능력을 받은 것이다. 우리의 삶이 이렇게 되면 좋겠다. 먹고사는 문제에 대해서 능력을 받지 못하면 결국 그 문제가 복음을 전하는 데 가장 큰 문제를 일으킬 수 있기 때문이다.

우리가 복음을 전하고자 한다면 점점 우리의 삶은 돈을 다스리는 능력 있는 삶이 될 것이다. 비천에 처하는 것과 풍부에 처하는 것, 배부름과 배고픔, 풍부와 궁핍에 처할 줄 아는 일체의 비결은 배우는 데는 시간이 걸린다. 그 모든 상황에서 성령의 능력이 임할 때까지 배울 것이 많다. 조금 고통스럽다 해도 돈을 다스리는 능력을 받았다면 효과적으로 복음을 전할 수 있다. 바울의 경험이 우리의 경험이 되었으면 좋겠다.

광주에서 간사로 섬길 때였다. 공동 숙소에서 식사를 하는데 어떤 자매가 조금 허겁지겁 먹는다는 느낌이 들었다. 조심스레 물었다.

"혹시 너 재정 없냐?"

"어떻게 알았어?"

"나도 그런 경험 있거든. 재정이 없으면 밥을 그렇게 먹게 되더라고."

같이 웃고 말았다.

전남대 예전단에서 같이 활동하던 친구들 중에 자비량으로 사는 것이 힘들어서 간사를 못하겠다는 말을 들은 적이 있다. 복음을 증거하는 삶을 살려면 권능을 받아야 한다. 성령께서 재정에 대해서 일체의 비결을 배우게 할 때 돈이 없는 두려움을 이겨내고 예수님을 증거할 수 있다.

강의 때 사람들에게 물어본 적이 있다.

"돈이 없을 때가 초조합니까? 은혜가 없을 때가 초조합니까?"

다들 돈이 없을 때가 더 초조하단다. 그래서 더욱 돈을 다스리는 일체의 비결을 배워야 한다. 바울처럼 일체의 비결을 배운 사람들은 실제적인 삶의 문제 속에서 예수님의 성품과 능력을 나타낼 수 있게 된다.

자신의 삶 속에서 예수님을 나타내지 못하는 것은 자신의 능력이나 열의가 부족해서가 아니라 성령의 권능을 받지 못했기 때문이다. 성령으로 충만하고 권능이 나타나서 예수님을 증거하는 삶을 살면 정말 행복해진다. 자신의 삶 속에서 예수님의 성품과 능력이 나타난다고 생각해보라. 얼마나 신나는 일인가!

예를 들어 가정에서 긴장이 일어나서 싸울 때 자신에게 성령의 권능이 충만해서 예수님의 성품이 부어진다면 그 가정은 예수님의 성품으로 다스려지는 은혜가 있는 가정이 된다. 같이 있기만 해도 예수님의 성품으로 하나되는 가정은 우리가 그렇게 원하는 행복한 가정이다. 그러나 가족 구성원 중에 권능이 나타나는 사람이 없다면 가정 안에서 예수님의 성품을 경험하기는 힘들다. 직장에서 일이 잘 풀리지 않아 긴장이 일어나고 서로 책임을 추궁하는 험악한 분위기가 될 때 성령으로 충만하고 권능을 받은 사람이 간절히 기도하여 예수님의 도움을 받을 수 있다면 문제는 해결된다.

예수님의 기적이 나타나서 문제가 해결되면 그 삶의 현장에 있던 모든 사람들이 은혜를 누리게 된다. 비록 놀라운 기적이 일어났다 해도 권능을 받은 사람은 안다. 이것이 자신이 한 일이 아니라 예수님께서 하신 일이라는 것을.

권능이 나타나야 문제가 해결된다. 사람이 노력하는 과정이 아니라 성령께서 역사하시는 과정을 통해 모든 사람들이 예수님의 성품과 능력을 경험하게 되고 믿음이 깊어지며 성장을 경험하게 되는 것이다. 예수님을 나타내는 삶을 위해서는 간절히 성령충만과 권능을 구해야 한다.

권능으로 일이 되지 않으면 자기 의로움이 나타날 가망이 높다. 성령으로 충만하지 않은 사람들의 특징은 자기 의로움이 강하고 하나님을 간절히 의존하는 은혜가 약하다. 하나님께 도움받는 것을 부담스러워하고 마치 책임감 없는 것으로 이해한다.

그러나 예수님을 믿는다는 것 자체가 의존이다. 나의 죄를 해결할 수 없기 때문에 인생을 예수님께 맡긴 것이다. 뭐든지 의존하고 의지해야 한다. 하나님은 사람이 드러나는 능력을 싫어하신다.

> 여호와는 말(馬)의 힘이 세다 하여 기뻐하지 아니하시며 사람의 다리가 억세다 하여 기뻐하지 아니하시고 여호와는 자기를 경외하는 자들과 그의 인자하심을 바라는 자들을 기뻐하시는도다 (시 147:10,11)

말의 힘과 사람의 힘을 의지하지 말고 여호와 하나님의 인자하심을 의뢰해야 한다.

우리는 어찌하든지 성령 하나님의 권능을 의지해야 한다. 권능을 받아서 하나님의 능력으로 일이 되고 모든 일 후에 오직 예수님만 나타나고 높임을 받아야 하는 것이다. 성령이 임하시고 권능을 받아야만 예수님을 나타내는 삶을 살 수 있다. 권능을 구하지 않는 사람은 복음 증거에 관심이 없는 사람이다. 누가 자기 자신을 드러내기 위해서 권능을 구하겠는가?

문제가 가득한 삶 속에서 오직 예수님을 나타내기 위해 우리는 꼭 권능을 받아야 한다.

각성을 일으키는 메시지

각성은 문제가 있는 곳에서 일어나는 것이 아니다. 자신의 삶에 아무런 문제가 없다고 생각하는 곳에서 성령의 능력으로 예수님이 증거될 때 각성이 일어난다.

예수님을 십자가에 못 박았던 이스라엘 사람들은 어떤 문제의식도 없었다. 그들은 예수님을 시기하여 온갖 거짓말로 유명인사 한 명을 죽였다고 생각했지만 메시야, 하나님의 아들인 예수 그리스도를 죽인 것을 몰랐다. 각성은 예수님이 누구신줄 모르고 함부로 대했던 사람들, 하나님을 함부로 대함으로써 자기 욕심껏 사는 것을 두려워하지 않던 사람들이 돌이키는 것이다.

베드로의 설교는 각성을 일으켰다.

이스라엘 사람들아 이 말을 들으라 너희도 아는 바와 같이 하나님께서 나사렛 예수로 큰 권능과 기사와 표적을 너희 가운데서 베푸사 너희 앞에서 그를 증언하셨느니라 그가 하나님께서 정하신 뜻과 미리 아신 대로 내준 바 되었거늘 너희가 법 없는 자들의 손을 빌려 못 박아 죽였으나 (행 2:22,23)

그런즉 이스라엘 온 집은 확실히 알지니 너희가 십자가에 못 박은 이 예수를 하나님이 주와 그리스도가 되게 하셨느니라 하니라 (행 2:36)

베드로가 예수님이 누구신지 그리고 그들이 예수님께 한 일이 무엇인지 말했을 때 사람들은 찔렸다. 각성이 일어난 것이다.

그들이 이 말을 듣고 마음에 찔려 베드로와 다른 사도들에게 물어 이르되 형제들아 우리가 어찌할꼬 하거늘 (행 2:37)

지금은 이렇게 각성을 일으키는 메시지를 듣는 것도 쉽지 않다. 분명 우리 삶에는 문제가 많을 텐데 말이다.

각성을 일으키는 메시지는 때로 강력한 저항에 시달리기도 한다. 스데반 집사는 뛰어난 설교를 했다. 이스라엘의 역사를 짚어가면서 이스라엘이 하나님께 반역한 사실과 그 결과로 예수님을 십자가에 죽게 한 일에 대해서 말했다. 그러나 사람들은 베드로의 설교와 다른 반응을 보였다.

> 그들이 이 말을 듣고 마음에 찔려 그를 향하여 이를 갈거늘 … 그들이 큰 소리를 지르며 귀를 막고 일제히 그에게 달려들어 성 밖으로 내치고 돌로 칠새 증인들이 옷을 벗어 사울이라 하는 청년의 발 앞에 두니라 (행 7:54,57,58)

바울도 예수님을 높이고 각성을 일으키는 메시지를 선포하였음에도 오히려 매를 맞는 경우가 허다했다. 우리는 스데반처럼 사람들이 나를 칠 때 반응을 깊이 생각해야 한다.

> 그들이 돌로 스데반을 치니 스데반이 부르짖어 이르되 주 예수여 내 영혼을 받으시옵소서 하고 무릎을 꿇고 크게 불러 이르되 주여 이 죄를 그들에게 돌리지 마옵소서 이 말을 하고 자니라 (행 7:59,60)

베드로의 메시지를 들은 사람들이 회개하여 세례를 받든, 스데반처럼 돌에 맞아 죽든, 예수님을 증거하는 메시지, 각성을 일으키는 메시지는 긴장이 불가피하다. 성령의 능력은 긴장을 일으킨다. 왜냐하면 우리 삶은 예수님의 삶과 다르기 때문이다. 예수님이 증거될 때 우리 삶은 반드시 그 메시지에 비추어진다.

예수님에게서 벗어난 삶을 향한 날카로운 지적이 성령의 능력이다. 성령의 능력으로 메시지를 전달하는 통로가 된 사람은 필연적으로 늘 긴장을 안고 살게 된다. 모든 사람에게 환영받는 메신저는 각성을 포기한 사람이다.

한때 모든 사람을 위로하고 싶었다. 청중의 자존심을 상하게 하는 설교는 안 된다고 배웠다. 회중을 기분 좋게 하고 그들을 위로해야 한다는 것이다. 17년 설교 사역을 하면서 깊이 깨달았다. 위로하는 설교는 정말 힘이 센 반면 각성시키는 설교는 잘해야 본전이라는걸. 욕이나 먹지 않으면 다행이다. 긴장을 피할 수 없다.

각성을 일으키는 메시지를 좋아하는 사람이라도 자기 의로움에서 벗어난 사람들은 드물다. 나 말고 다른 사람들과 교회 혹은 목사가 각성되어야 한다고 생각하는 것이다.

아들이 아플 때 나의 설교는 위로로 가득했다. 오직 하나님의 은혜만을 구하는 상황이었기 때문이다. 사람들에게 아들이 어떻게 아프다고 말한 적은 없었지만 나의 가난하고 겸손한 마음이 설교에 고스란히 나타났다. 설교가 끝나면 많은 사람들이 울고 헌금도 많이 들어온다. 나는 사람들을 어떻게 위로해야 할지 잘 알고 있었다.

교회를 개척하고 분당에서 사역할 때도 주로 위로하고 회복하는 사역을 했다. 지체들은 나를 너그럽다고 생각했다. 삶이 힘든 어른들은 더욱 은혜를 받았다. 그런데 하나님은 싫어하셨다. 그것은 너의 부르심이 아니라고 하셨다. 그때 설교자마다 부르심이 있다는 것을 알았다. 생소했다.

'사람마다 전할 수 있는 메시지가 따로 있단 말인가.'

그러나 곰곰이 생각해보면 나만 아니라 끊임없이 이스라엘 지도자들과 긴장을 일으켰던 예수님과 베드로 그리고 사도 바울의 삶도 그러했다는 생각이 들었다. 그것은 사람들과의 긴장이 아니라 진리와 어두움의 필연적 긴장이다. 어두움은 빛과 함께할 수 없다.

때로 조금 심하다 싶을 만큼 강하게 메시지가 나갈 때가 있다. 그럴 때는 정말 두렵다. 일단 분위기가 말이 아니다. 중간에 일어나서 나가는 것은 양반이다. 인상 쓰면서 듣고 있는 표정을 보고 있으면 곧 무슨 일이 일어날 것 같다. 설교가 끝나면 재빨리 도망간다. 그리고 밤새 시달린다. 가장 많이 드는 생각은 자책감이다.

'내가 왜 그렇게 말했을까? 다시는 나를 부르지 않을 거야.'

보복당하거나 심지어 사람들이 나를 이단이라고 공격하는 생각에 시달리기도 한다. 아주 가끔 각성을 일으키는 메시지가 사람들을 깊은 회개로 인도하는 경우가 있다. 그럴 때는 신기하고 감사하다.

그간의 경험을 통해 메시지가 진정으로 각성을 일으키려면 나의 삶이 각성되어 있어야 함을 알게 되었다. 하나님 앞에서 은혜 가운데 각성된 삶을 살 때는 그야말로 은혜로 각성되는 역사가 일어난다. 주로 혼자 길거리에서 기도하고 있는 기간에 그런 일들이 많이 일어났다. 물론 선교단체에서 사역할 때는 주로 메시지가 그런 내용이었다. 선교단체를 나와서 교회 사역을 하면서 가장 괴로운 것은 각성을 일으키는 메시지를 해서는 안 된다는 것이다. 그것은 사역 초보들이 아무것도 모르고 교회와 사람들을 향해 내지르는 설교라는 것이다. 회중을 공포에 빠트리면 반드시 대가를 치른다. 반대로 은혜스럽게 설교하면 또한 달콤함의 유혹을 받는다.

베드로처럼 회개를 통한 부흥이 일어나든 스데반처럼 핍박을 통하여 초대교회가 흩어지든 간에 각성된 삶은 필수적이다. 메시지와 삶은 하나다. 각성된 삶을 사는 사람은 말하지 않아도 이미 그의 삶으로 메시지를 전달하고 있다. 사람들은 그 사람을 보기만 해도 각성된다. 그러나 삶이 없는 사람은 그런 메시지를 하지도 못하고 해도 들어주지 않는다. 설교자든 아니든, 설교를 잘하든 못하든 각성된 삶이 없다면 메시지가 없는 것이다.

스데반이 사도가 아니어도 뛰어난 설교를 하는 것은 그가 각성된 삶을 살고 있었기 때문이다. 각성된 삶을 잃어버리면 모든 것을 잃어버린 것이다.

20대 때 은혜가 없는 편안한 삶이 아니라 고난 가운데 있더라도 은혜가 풍성한 삶을 원한다고 울면서 기도했다. 예배 때마다 그런 헌신이 있었는데 이제야 그 기도가 무엇을 의미하는지 알게 된다. 나는 여전히 각성되어 있는가.

CHAPTER 2
진정한 권능

믿음이 깊어지는 체험들

예수님을 믿고 구원의 확신을 경험한 사람들에게 신앙의 터닝포인트가 있다. 신앙생활하는 중에 믿음이 더 깊어지는 체험을 하는 경우가 있는 것이다. 그러나 하나의 체험을 마치 구원의 조건인 양 과장하거나 다른 사람에게 강요하는 것은 바람직하지 않다.

예전단에서 초기에 조금 힘들었던 것은 방언으로 찬양하고 기도하는 것이었다. 장로교에서 자랐던 나는 주변에서 방언으로 기도하는 것을 거의 본 적이 없었다. 예수님을 인격적으로 만났던 군대에서도 마찬가지였다. 예전단 예배 때 갑자기 인도자가 "방언으로 찬양합시다!" 하면 정말 난감했다.

주변 사람들이 다 방언을 하니 나도 꼭 받아야겠다는 생각이 들었다. 간절히 방언을 구했지만 받지 못했다.

그러다가 집 앞 교회에서 부흥회를 하는데 안내를 보니 마지막 날이 '은사의 밤'이었다. 어느 기도원 부원장님이 방언에 대해서 한참 설교하신 후에 드디어 방언 받기를 위해 기도하자고 하셨다. 정말 뜨겁게 목청이 터져라 기도했다. 간절히 기도했지만 아무 일도 일어나지 않았다.

'아, 오늘도 아무 일도 안 일어나는구나!'

실망하는 찰나 불호령이 떨어진다.

"의심하는 놈이 있어!"

다시 눈물 나게 기도했지만 결국 아무 일도 일어나지 않았다. 다만 마음에 이런 생각이 들어서 눈물이 났다.

'길아, 평상시에 좀 그렇게 기도해라.'

방언에 관심을 가지면서부터 그에 관한 설교를 들으면 귀가 쫑긋해졌다. 예전단 한국 지부를 설립하신 오대원 목사님도 처음 한국에 선교사로 오셨을 때는 성령으로 충만하지 않아서 사역에 실패를 경험했다고 한다. 하루는 오대원 목사님이 대천덕 신부님이 예배 중에 손을 들고 찬양하는 모습을 보고 마음이 불편했다고 한다. 그러다 안식년을 맞아 미국에 가서 충만함을 경험하고 돌아온 목사님은 신부님을 만나 자신이 성령으로 충만해졌다고 이야기했고, 그 자리에서 신부님으로부터 오 목사님이 성령으로 충만해지도록 십 년 동안 기도하셨다는 말을 듣는다.

DTS에서 방언을 받지 못한 사람들을 위해 기도할 때마다 곤혹스러웠다. 훈련 동기 중에 방언을 받지 못한 두 사람이 있었는데, 그중 한 사람이 나고 다른 사람이 지금의 아내였다.

강사님이 오시지 못할 때는 녹음기를 틀어놓고 강의를 들을 때가 있었다. 홍성건 목사님의 성령론 강의도 그렇게 들었다. 강의 속에서 목사님의 방언에 대한 경험을 들은 기억이 났다. 장로교 신자였던 목사님은 방언으로 기도하는 것을 보고 자신에게 없는 성령의 역사를 인정하고 깊이 구했다는 것이다. 그 말에 도전받은 나는 다시 방언을 구하기 시작했다. 그러나 아무 일도 일어나지 않았다.

방언을 받기 위해 기도할 때 가장 먼저 떠오른 것은 방언으로 기도하는 사람을 판단했던 기억이었다. 군종사병으로 근무할 때 군복음화후원회와 여의도순복음교회에 한 달에 한 번 잡지랑 책을 받으러 다녔다. 한번은 여의도순복음교회에 과월호《신앙계》(현재는 '플러스 인생'으로 이름이 바뀌었음)를 받으러 갔는데, 어떤 사람이 파라솔 아래서 방언으로 기도하는 걸 보고 속으로 판단했다.

'예수님은 골방에 들어가서 기도하라고 했건만 거리에서 기도를 해? 그것도 방언으로?'

언제나 그렇지만 육신적인 그리스도인이 자신의 틀 안에서 남을 판단할 때 참 보기 싫고 괴로운 일이다. 나는 깊이 회개했다.

'하나님, 이제 방언으로 기도하는 사람을 판단하지 않습니다. 그러니 방언의 은사를 주십시오.'

하지만 여전히 아무 일도 일어나지 않았다. 방언을 받고 싶은 마음에 회개를 한다고 했지만 다른 사람을 향한 판단이 얼마나 하나님을 힘들게 하는 것인지 진정으로 알 리 없었다. '아, 알았으니까 미안하고, 그러니까 이제 방언 달라'는 식의 기도였다. 그럼에도 좋으신 하나님은 참고 기다리셨다는 생각이 든다.

방언을 하는 사람들에 대해 편견을 갖게 된 데는 방언을 받은 사람들의 모습도 영향을 미쳤을 것이다. 나는 그들이 방언으로 기도하는 모습이 썩 마음에 들지 않았고 도리어 이런 생각이 들었다.

'아, 이 사람과는 정상적이고 인격적인 대화가 가능하지 않겠구나.'

내 눈에는 그들이 광신적이거나 신비주의에 붙잡혀서 자신의 수고와 헌신 없이 비의(秘儀)적인 방법으로 자신의 소원을 이루는 무당과 같은 부류로 보였다. 자신의 사고가 마비되고 무언가 정상적이지 않은 방법으로 현실을 초월하고 싶어 하는 몸부림처럼 느껴졌다. 지친 삶에 대한 간절한 호소로 이해할 수도 있었겠지만 당시 내게는 그런 여유가 없었다.

그때는 바울이 방언 기도를 잘하는 사람인 줄 몰랐다. 논리적이고 이성적인 바울이 방언을 하다니….

> 내가 너희 모든 사람보다 방언을 더 말하므로 하나님께 감사하노라 (고전 14:18)

또 자주는 아니지만 가끔 방언을 하지 않으면 마치 신앙이 시작도 되지 않은 것처럼 무시하는 경우도 보았다. 분명히 성경은 다 방언을 말하는 것이 아니라고 말씀하시는데도 말이다.

> 다 병 고치는 은사를 가진 자이겠느냐 다 방언을 말하는 자이겠느냐 다 통역하는 자이겠느냐 (고전 12:30)

어쨌든 나에게 방언의 은사는 주어지지 않았다.

방언을 위해 기도할 때 들었던 두 번째 생각은 두려움이었다. 목사님께서 회중 가운데서 방언으로 기도하지 말라고 부탁하시면서 혹 악령을 받을 수도 있으니 조심하라고 말씀하신 것이 생각났다. 나는 방언을 구하다가 악령을 받게 될지도 모른다는 두려움이 있었다. 시간이 흐르면서 성령 하나님은 인격이시기 때문에 결코 사람의 인격을 상하게 하시지 않는다는 것을 알고 나서 두려움이 사라졌다. 성령 하나님을 환영하고 좋아하고 모셔들이지 않는데 갑자기 어떤 일이 일어나거나 하는 경우는 없다.

성령님은 하나님이시다. 하나님을 경외하고 예수님을 좋아하는데 성령님을 두려워하거나 피하는 사람은 균형 잡힌 사람이 아니다. 물론 대놓고 성령님을 두려워하고 피한다고 말하는 사람은 없다. 성령님이 보시는 우리 내면의 작은 두려움과 염려들을 물리쳐야 한다. 가끔 강의 중에 성령 하나님을 이야기하기만 해도 분위기가 가라앉는 경우를 보았다. 몇몇 부작용 때문에 성령 하나님에 대한 언급 자체를 부담스러워 하는 것은 안타까운 일이다. 부작용을 신학적으로 정리해가면서 성령 하나님을 알고 충만함을 구해야 한다.

은사와 성품의 통제

방언을 위한 기도를 잃어버렸을 즈음 광주 예전단 화요모임에서 방언을 받았다. 그날은 모임 장소를 빌려주는 교회에서 부흥회가 있어서 본당에서 예배를 드리지 못하고 지하 교육관에서 간사님들만 모여서 드렸다. 지금은 인도네시아 선교사로 사역하는 종만이 형이 예배 인도 중에 아픈 사람들을 위해 기도하는 시간을 갖자고 했다. 아픈 사람들이 일어났고 나는 조금 떨어진 자리에서 그들을 위해 손을 뻗어 기도했다. 기도를 하는 중에 자연스레 입에서 방언이 나왔다.

예배를 마치고 교제 중이던 지금의 아내에게 말했더니 그녀도 놀라면서 말했다.

"형제님이 방언하는 것 처음 보았어요."

다음 날, 간사님들과 함께 화순으로 감을 따러 가다가 방언 받은 이야기를 했더니 다들 웃으면서 놀린다.

"어쩐지 '초신자 방언'이더라."

갑자기 초신자가 되었다. 다시 한 번 강조하지만 방언은 신앙의 수준을 보여주는 것이 결코 아니다. 신앙의 체험은 예수님을 닮아가는 과정에서 겪는 터닝 포인트가 된다. 신앙에 도움을 주지만 그것이 구원을 결정하거나 신앙의 수준을 결정하는 것은 아니다. 구원은 예수님을 믿음으로 받는 것이고, 신앙의 수준은 얼마나 예수님 닮은 열매를 내느냐에 달려 있다. 은사적인 터닝 포인트뿐 아니라 예수님을 닮아가는 삶의 과정에서의 터닝 포인트가 더 중요하고 실제적으로 신앙에 도움이 된다.

고린도교회는 은사는 나타났지만 교회가 4개 파로 분열해서 싸웠다. 누구에게서 세례를 받았느냐는 것으로 분파를 만들고 나뉘었던 것이다. 바울은 그들을 어린아이에 비유했다. 은사는 나타나지만 사랑으로 하나되지 못하는 고린도교회는 단단한 음식을 먹지 못하는 어린아이들이었다. 은사가 나타나도 분열하면 어린아이다. 신앙의 어른은 다른 사람을 죽기까지 사랑하시는 예수님을 닮아 있다. 바울이 고린도전서 13장을 통하여 사랑이 무엇인지, 왜 사랑을 가장 사모해야 하는 것인지 고린도교회에 꼭 알려야 했던 이유가 여기 있었다.

은사가 있는 사람을 부러워하는 사람이 있다. 자신에게 없는 은사를 가진 사람을 부러워하는 것은 은사의 본질을 이해하지 못한 것이다. 은사는 자신을 나타내기 위해 받는 것이 아니라 교회의 덕(德)을 세우기 위해 주시는 것이기 때문이다.

> 그런즉 형제들아 어찌할까 너희가 모일 때에 각각 찬송시도 있으며 가르치는 말씀도 있으며 계시도 있으며 방언도 있으며 통역함도 있나니 **모든 것을 덕을 세우기 위하여 하라** (고전 14:26)

더욱 염려스러운 것은 은혜를 받고 은사가 나타난 사람이 교회의 덕을 세우지 않는 것이다. 은사는 자기 것이 아니라 성령께서 주시는 선물이다. 교회의 덕을 세우라고 주신 선물을 교회를 어렵게 하는 데 사용한다면 선물을 받은 사람은 꾸지람을 들을 것이다.

평안의 매는 줄로 성령이 하나되게 하신 것을 힘써 지키라 몸이 하나

요 성령도 한 분이시니 이와 같이 너희가 부르심의 한 소망 안에서 부르심을 받았느니라 (엡 4:3,4)

성경은 성령님이 교회를 하나되게 하시는 분이며, 우리는 그 하나됨을 힘써 지켜야 한다고 말한다. 만약 나의 은사 때문에 공동체가 어려워진다면 겸손하게 공동체를 하나되게 할 수 있어야 한다. 사랑이 깨어진 곳에 은사가 무슨 소용인가!

신앙생활하는 동안 무수한 터닝 포인트가 있을 것이다. 그러한 전환점에서 겪는 경험들을 절대시하지 마라. 예수님의 성품을 드러내고, 능력이 나타나고, 모든 상황에서 자신의 성품을 잘 통제하고, 뒤로 죄 짓지 않는 일들은 시간이 많이 걸린다. 한때 된다고 해서 영원히 그럴 수 있다고 자신할 수도 없다. 한때 강력했던 사람이 넘어지는 경우가 많기 때문이다. 우리 자신도 은혜를 강하게 받은 경험이 그리 오래 가지 않는다는 것을 안다. 스스로를 속이지 말아야 한다.

수많은 사람들 앞에서 멋지게 설교했을 때, 사람들이 은혜받았다고 말해줄 때, 나는 걱정된다. 내가 나를 알기 때문이다. 여전히 마음을 지키기 위해 싸우고 겸손하기 위해 훈련해야 하는 것을 아는데 은사가 너무 일찍 드러나는 것이 좋은 일만은 아닌 것 같다. 사람들은 눈에 보이는 은사는 알지만 눈에 보이지 않는 그 사람의 인격적인 결함, 치명적인 약점을 알지 못한다.

무서운 것은 은사가 나타난 자신 스스로가 그것을 간과하는 것이다. 은사는 성령께서 하시기 때문에 때로 완벽하게 보인다. 그러나 문제가 많은 나 자신을 알아야 한다. 잠깐 은혜가 있을 때 문제가 없어 보일 뿐임을, 잠깐 억제하고 있을 뿐임을 말이다.

권능을 구하는 법

방언의 은사를 받은 후로 늘 생각했다.

'왜 나는 그렇게 방언의 은사를 받고자 했을까?'

냉정하게 지난 날의 자신을 살펴보게 된다. 가장 주요한 동기는 아마도 쪽팔림일 가망이 크다. 모두가 방언으로 기도하고 찬양하는데 나만 못하는 것이 힘들었다. 다행스럽게도 그렇게 쪽팔림으로 기도할 때는 아무 일도 일어나지 않았다. 방언 구하기를 멈추고 아픈 사람들을 위해 기도하는데 생각지도 않게 방언이 나타났다.

조국 교회에 은혜가 필요하고, 가정과 직장에서 예수님의 성품과 능력이 필요하다면 구해야 한다. 예수님은 분명히 우리가 예수님을 증거하게 될 것이라고 말씀하셨다. 우리는 이 명령을 평생 순종하고 지켜야 한다. 더불어 예수님은 복음을 전할 때 우리 힘이 아닌 오직 성령의 능력으로 하게 될 것이라고 말씀하셨다. 자신의 능력을 한탄할 필요가 없다. 다만 예수님을 나타내기 위해 날마다 간절히 능력을 구해야 한다. 권능을 구하지 않는 사람은 예수님을 나타내고 싶지 않은 사람이다.

권능이 어떻게 임하는지는 잘 모른다. 성령께서 하시는 영역이기 때문이다. 다만 나의 삶을 돌아볼 때 어떻게 권능이 나타났는지 살펴볼 수는 있다. 지나고 보니 '이런 일이 있었구나…' 싶은데 사실 정확하지는 않다.

군종병으로 사역하고 있었기 때문에 설교를 해야 했고 그래서 말씀을 읽었다. 사역을 잘하게 해달라고 권능을 구한 적은 없다. 그냥 말씀이 달았다. 《톰슨 주석 성경》으로 세 번 정도 통독했다. 읽었던 말씀들이 모두 새벽예배와 주일학교 설교의 내용이 되었다. 지금도 가끔 설교하는 아브라함, 이삭, 야곱, 요셉은 다 그때 받은 은혜들이다.

말씀을 알고 싶었고 말씀대로 살고 싶었다. 그랬더니 말씀이 능력이 되어 나의 사고와 행동을 지배하기 시작했다. 그런 내용들을 설교 시간에 전달했다. 예수님을 인격적으로 만나자마자 설교하는 일이 시작된 것이다. 예수님께 헌신하고 그분을 사랑하면 반드시 예수님을 증거하는 일을 하게 된다.

'권능을 어떻게 받을 것인가' 하는 문제가 중요한 것이 아니라 '어떻게 예수님을 사랑하고 좋아해서 예수님을 나타내는 삶을 살 것인가' 하는 것이 중요하다. 그러므로 나에게 권능이 있는가 하는 개인의 능력 문제가 아니라 예수님을 증거할 만한 삶의 내용을 가지고 있는가 하는 게 문제다. 권능이 있든 없든 예수님을 증거할 만한 삶의 내용을 가지고 있다면 그는 반드시 권능으로 예수님을 증거하게 될 것이다. 나에게 권능이 있나 없나를 생각하기 전에 삶을 걸고 증거할 예수님을 만났는가를 먼저 점검하자. 예수님을 만났고 사랑한다면 반드시 그것은 권능으로 나타나서 다른 사람에게도 예수님이 누구신지 알도록 하는 능력이 된다.

권능을 구하는 두 번째 방법은 다른 사람에게 헌신하는 것이다. 권능은 예수님을 증거하는 능력인데 그것은 나를 위한 것이 아니다. 예수님을 잘 모르는 다른 사람에게 예수님을 증거하도록 권능을 주시는 것이다. 그러므로 다른 사람에게 예수님을 증거하려고 애쓰면 반드시 권능이 나타나게 된다.

선교단체 대학부 간사로 있을 때 예배를 드리다가 가끔 입에 거품을 물고 쓰러지는 사람들을 보았다. 그때 곁에 가서 조용한 목소리로 방언으로 기도해주면 정신이 온전해지고 회복되는 경우를 보았다. 같이 사역하던 간사들의 삶에 재정이 필요할 때 곁에서 울며 기도한 적이 자주 있었다. 가슴이 아팠다. 하나님이 무언가 하셔야 한다고 간절하게 울며 호소할 때 하나님이 움직이시는 믿음의 역사를 보았다. 예수님을 알아야 할 사람들을 위해 성령께서는 권능을 부으신다. 혹 삶 속에서 권능의 역사가 사라졌으면 자신에게 물어야 한다.

'나는 지금 예수님을 증거하는 삶을 살고 있는가.'

코스타(KOSTA, 해외유학생수련회)에 갈 때마다 강한 권능의 역사를 느낀다. 사실 국내나 해외나 강사는 동일하고 영적인 컨디션도 비슷하다. 그런데 코스타에 가면 하나님께서 강하게 붙잡아 쓰시는 것을 느낀다. 그것은 강사 때문이 아니라 말씀을 들어야 하는 청년과 청소년들을 생각하시는 예수님의 마음 때문일 것이다. 강의를 하면서 오히려 내가 은혜를 받는다. 다른 사람을 위해 헌신하는 곳에 있어야 권능이 나타난다.

그러므로 '나에게 권능이 있나 없나' 하면서 살필 문제가 아니라 '나는 다른 사람들에게 예수님을 알리기 위해 헌신하고 있는가'를 살펴보아야 한다. 다른 사람을 사랑하고 섬기면 반드시 역사가 일어난다. 혹 눈에 보이는 어떤 기적이 없다 해도 그곳에 있는 모든 사람은 예수님을 알게 하고자 헌신한 그 사람의 사랑을 통하여 예수님의 성품과 능력을 경험하게 된다.

세 번째로 공동체를 섬기고자 하면 권능이 나타난다. 본래 은사와 열매는 교회를 섬기라고 주시는 것이다. 바울이 고린도전서에서 방언과 예언에 대해 말하면서 기준으로 삼는 것은 교회의 덕을 세우는 문제이다. 방언보다 예언을 더 사모하도록 권면한 이유는 예언이 교회의 덕을 세우기 때문이다. 모든 은사와 열매는 교회를 세우는 데 사용되어야 한다. 자신이 속한 공동체의 부족한 점을 보았다면 하나님께서 그 부분을 비판하라고 보여주신 것이 아니라 성령의 능력으로 섬기라고 보여주신 것이다. 늘 말하지만 씹기는 쉬워도 좋은 일을 하기는 힘들다. 성령께서는 교회를 하나되게 하시고 그의 권능으로 교회를 세우도록 하신다. 때문에 교회를 세우고자 하는 사람에게 반드시 성령의 능력은 나타난다.

하나님의 영광과 다른 사람의 유익

존 스토트를 존경한다. 그는 '성령세례'라는 말을 받아들이지 않는다. 그럼에도 성령세례를 주장하는 사람들과 진지하게 이야기하고 또 그들을 부정하지 않는다. 더군다나 그는 방언을 비롯한 은사들에 대해서 부정하지 않는다. 단지 '성령세례'를 '성령충만'과 비교해서 특별한 위치에 놓지 않을 뿐이다.

나는 방언의 은사를 받았다. 그리고 순복음 계통의 신학교에서 신학 공부를 했고, 독립교회연합에서 목사 안수를 받았다. 대학교 2학년 때부터 활동했던 예전단의 가르침을 거의 그대로 받아들였고, 간사가 된 지 3년이 지나서야 예전단도 신학적 흐름 안에 있다는 것을 알게 되었다.

그전에는 노선이라는 것을 모르고 그저 은혜받은 곳에서 나의 삶을 헌신했을 뿐이다. 물론 선교단체 안에서도 다양한 교단과 신학적 배경 아래 있었지만 그런 것들이 문제되지 않았다. 우리 모두는 선교에 헌신한 사람들이었고, 예수님의 제자가 되기로 결정한 사람들이었다. 근본주의부터 은사주의까지를 포괄하는 복음주의 운동 안에 있다고 할 것이다.

복음주의를 실질적으로 태동시키고 이끌어온 선배들을 한없이 존경한다. 사실 이 글을 쓰는 이유도 그런 작업의 일환이다. 복음주의 진영이 하나가 되도록 돕고 싶은 작은 신념, 폭이 넓은 복음주의 진영의 어른들이 하늘의 부름을 받을 때마다 '연합은 어떻게 될까'를 걱정하지 않을 수 없다. 자신의 신학과 달라도 함부로 평가하지 않고, 예수님을 전하자는 선교적 관점에서 하나됨을 이루어냈던 큰 어른들. 성경은 무오(無誤)하며 오직 예수님으로만 구원을 받는다는 동일한 믿음의 고백을 하는 복음주의 진영 안에서 지금보다 더 선교와 교회 갱신의 불을 지펴야 한다.

조국 교회가 성령 하나님의 역사에 대해 조심스러운 태도를 갖게 된 배경에는 겸손하지 못한 사람들의 실수가 있었다는 것을 부인할 수 없다. 신앙의 체험은 다양하다. 신앙 체험을 했다는 것이 그리 놀라운 일은 아니다. 그러나 자신의 신앙 체험을 마치 절대적인 것으로 여겨 교회에 혼란을 일으킨 일로 말미암아 사람들의 마음 문이 닫힌 경우들이 무수하다.

예수님도 겸손하시고 성령 하나님도 겸손하신데 우리는 겸손하지 못하다. 우리 때문에 예수님의 역사가, 성령 하나님의 권능이 조국 교회 안에 역사하는데 많은 제한을 받는다. 깊은 회개가 필요하다. 교회는 하나의 교회다. 예수님이 머리가 되시고 우리 모두는 성령 안에서 서로 연결되어 있는 것이다. 큰 교회일수록 책임이 크지만 작은 교회라 하여 책임이 없는 것은 아니다.

물론 우리 자신도 교회로서 책임이 크다. 교회가 예수님의 부담이 되어서는 안 된다. 혹 성령으로 충만한 경험을 했다면 그 경험은 반드시 예수님을 나타내는 일이 되어야 할 것이다. 사람이 드러나면 겸손을 잃은 것이다.

DTS에서 성령론을 강의한 적이 있다. 성령 하나님에 대한 강의였던 만큼 강의 후에 같이 기도하는 시간을 갖게 되었다. 기도를 인도하는 중에 갑자기 뜨거운 숨이 올라왔고 기도를 통하여 숨이 나갔다. 서서 기도하던 사람들 중 한 명이 그대로 넘어졌다. 마치 통나무가 넘어진 것처럼. 나는 단상 아래로 몸을 숨겼다. 기도 중이라 자연스레 몸을 낮춘 것이었지만 마음은 쉽지 않았다. 조금 놀라기도 했지만 겸손을 잃어버리지 않을까 가장 걱정되었다.

나중에 신대원에서 《안녕하세요 성령님》이란 책을 인용한 부분을 확인하던 중에 내가 경험한 일과 비슷한 사역을 하는 것을 보았다. 성령 체험을 강조하는 책을 일부러 읽지 않는 편이다. 그런 책이 아니더라도 성령 하나님께서 필요하시다면 언제든 역사하실 수 있다고 믿기 때문이기도 하고, 성령님보다 앞서 내가 추구하면 분명 겸손을 잃어버릴 거라는 마음이 들어서이기도 하다. 자연스레 성령께서 하신다면 존중해야 한다. 그러나 추구하지는 않는다. 경험적인 역사가 아니라 예수님을 증거하는 것을 추구한다. 성령께서 주권적으로 하신다면 거부할 수 없겠지만 다시는 의도를 가지고 그런 일을 하지 않기로 결심했다.

몇 년 후, 한두 번 또 뜨겁게 숨이 올라와서 기도한 적이 있지만 아무 일도 일어나지 않았다. 조금 아쉽기도 했지만 겸손을 지키기 위해 꼭 필요한 과정이었다는 생각이 든다.

성령으로 충만한 사람이 열매로 예수님의 살아 계심을 증거하고 느낄 수 있게 한다면 모든 사람이 충만함에 대해서 열린 마음을 갖게 될 것이다. 바울도 모든 사람이 방언으로 기도하면 방언을 경험하지 못한 사람들이나 믿음이 없는 사람들이 미친 사람으로 간주하지 않겠냐고 염려했다. 우리 삶의 기준은 믿음이 연약한 사람들임을 잊어서는 안 된다.

모든 것이 가하나 모든 것이 유익한 것은 아니요 모든 것이 가하나 모든 것이 덕을 세우는 것은 아니니 **누구든지 자기의 유익을 구하지 말고 남의 유익을 구하라** (고전 10:23,24)

누가 너희에게 이것이 제물이라 말하거든 알게 한 자와 그 양심을 위하여 먹지 말라 **내가 말한 양심은 너희의 것이 아니요 남의 것이니** 어찌하여 내 자유가 남의 양심으로 말미암아 판단을 받으리요 (고전 10:28,29)

유대인에게나 헬라인에게나 하나님의 교회에나 거치는 자가 되지 말고 나와 같이 모든 일에 모든 사람을 기쁘게 하여 **자신의 유익을 구하지 아니하고 많은 사람의 유익을 구하여** 그들로 구원을 받게 하라 (고전 10:32,33)

나의 충만함이 예수님을 나타내고, 다른 사람의 믿음을 성장시키는 결과를 가져온다면 잘하고 있는 것이다. 그러나 조금이라도 그렇지 않다면 하지 말아야 한다. 기준은 내가 아니라 하나님의 영광과 다른 사람의 유익이기 때문이다.

은사보다 열매

예전단에 처음 들어갔을 때 예배 때마다 강력한 은혜를 경험했다. 예배를 섬기는 사역자들은 은사가 강력한 사람들이었다. 그러나 전체적인 분위기가 은사로 흐르지 않았던 것은 모든 예배에 하나님의 성품을 느낄 수 있었기 때문이다. 성령 하나님의 인도함을 따라 예배를 드리다가 중간에 기다리는 시간이 생기면 누군가 하나님이 주시는 마음으로 선포했다. 아무도 그것을 탓하거나 제재하는 분위기가 아니었다. 나중에는 나도 하나님이 주시는 마음으로 선포하게 되었다. 대부분은 하나님의 성품을 찬양하는 내용들이었다.

한번은 예배 때 하나님의 성품을 찬양하고 높이도록 마음을 받았지만 부끄러워서 입을 다물고 있는데 바로 다른 사람이 내가 받은 마음과 똑같은 내용을 선포하는 것을 보고 당황했다.

'아, 내가 선포하지 않으면 하나님은 누구든지 사용하셔서 말씀하게 하시는구나.'

하나님의 성품, 성령의 열매와 은사가 충만한 예배는 다수의 사람들을 예배 사역자로 일으켰다. 놀라운 것은 누가 예배 인도를 하든지 항상 은혜가 있었다는 것이다. 분위기나 노래에 맞추어서 사람들이 흥분하는 것이 아니다. 그렇게 쉽게 사람들을 몰아가서는 안 된다. 생각이 깊고 하나님을 알고자 민감한 사람들이다. 성령의 열매, 하나님의 성품이 충만했기 때문에 그 안에서 마음껏 누리고 행복해할 수 있었다.

선교단체에서 훈련받을 때 은사보다 열매가 중요하다고 배웠다. 먼저 행하고 가르쳐야 한다는 것은 우리 삶의 실천적 주제였다. 단순히 가르침이 아니라 반드시 그렇게 살아야 했으며 그렇지 않은 경우는 비난을 받았다. 선교단체 안에서 이른 나이에 은사가 강력하게 드러나 지도자가 된 사람들은 끊임없는 감시와 비난에 시달렸다. 지금 생각하면 질투가 없었다고 할 수 없다. 그러나 한편으로는 그러한 일들이 어린 지도자들을 지키는 일이었다는 생각을 한다. 여럿이 같이 사역하고 또 남의 간섭을 받는 것은 좋은 일이다. 나 자신을 겸손하게 해주기 때문이다.

부당한 비난은 예수님이 가장 많이 받으셨다. 예수님이 십자가를 지신 이유도 예수님의 사역에 대한 부당한 비난을 근거로 한 고발 때문이었다. 신성모독, 성전 모독, 안식일을 지키지 않는 것에 대한 유대인들의 강력한 반발과 고발은 예수님이 십자가를 지게 만든 현실적인 이유들이다. 그러나 예수님은 왜 유대인들이 부당한지에 대해서, 자신이 누구인지, 안식일의 의미가 무엇인지에 대해서 정확한 답변을 가지고 계셨다. 그래서 유대인들을 향하여 하나님의 복음이 선포되는 그 열매를 보고 판단하라고 가르치신 것이다.

예수님은 하나님으로부터 오는 열매를 보여주셨다. 그 열매로 인하여 바리새인들의 비난은 잘못된 것으로 드러났다. 사람을 두려워해서 비난에 굴복하면 안 된다. 그러나 부당한 비난이라 해도 나 자신을 철저히 돌아보는 계기로 삼아야 한다. 남들 앞에서는 당당한 척해도 하나님 앞에서 혹 교만함은 없는지 살피는 것이 좋다.

그리고 하나님이 주시는 열매로 증명해야 한다. 남의 비난에 굴복하는 것은 어리석은 일이다. 그러나 남의 비난을 무시하는 것도 어리석은 일이긴 마찬가지다.

비유가 적절한지 모르지만 은사는 꽃 같은 것이다. 꽃이 떨어지면 열매가 맺힌다. 예수님을 증거하자면 반드시 열매가 있어야 한다. 사랑, 희락, 화평, 오래 참음, 자비, 양선, 충성, 온유, 절제. 성령으로 충만할 때 이런 성품들이 증가한다. 수련회 때 은혜가 충만하면 그 공간 안에 이런 성품들로 가득한 것을 느끼곤 한다(물론 수련회가 끝나면 차가운 현실이 기다리고 있지만).

사역을 하다가 성령 하나님의 열매, 성품이 없어지면 아주 당황스럽다. 여러 해 동안 성령의 열매가 풍성했던 교회가 예전과 다를 때는 금방 느껴진다. 그 고통은 이루 말할 수 없다. 눈에 보이지 않기 때문에 사람들은 잘 모르는 것 같다. 누군가 하나님의 성품이 아닌 자신의 욕심으로 죄의 열매를 맺은 것이 분명하다. 욕심을 부리는 사람이 생기면 이상하게 순식간에 성령의 열매가 사라진다.

열매가 없는 곳에서 역사는 일어나지 않는다. 혹 열매가 없는 곳에서 은사가 나타난다 해도 삶은 변화되지 않는다. 욕심으로 은사를 사용하게 된다. 고린도교회의 방언이 왜 문제가 되었는가? 그들은 분명 은사가 있었지만 열매가 없음으로 서로 다투었다. 열매가 없다면 차라리 은사가 없는 것이 낫다. 열매가 풍성한 곳에서는 모든 사람이 하나님의 좋은 성품을 먹는다. 그리고 열매를 먹는 사람들의 삶은 회복된다. 그런 상황에서 적절한 은사의 사용은 강력하다.

그러나 다투는 곳에서 은사는 아무런 유익이 되지 못한다. 성령님의 열매인 하나님의 성품이 충만한 곳에서 은사는 순식간에 교회를 세운다. 초기에 은사를 통해 매끄럽게 사역을 일으킨다 해도 결국은 열매가 있어야 사람들이 그 열매를 먹고 변화된다.

변화 후에 오는 은사를 통한 부흥은 놀랄 만한 것이다. 은사를 통해 은혜받은 사람들이 열매를 먹고 진심으로 하나님을 닮아가는 변화가 일어나고, 자신에게 맞는 은사를 받고 나타냄으로써 그리스도의 몸을 섬기게 될 때 다양한 사역과 부흥이 일어나게 된다. 부흥은 각 사람이 제자가 되어 자신이 있는 곳에서 담대하게 복음을 증거하는 삶을 사는 것이기 때문이다.

권능의 척도

예수님을 깊이 사랑하는 사람은 권능이 나타난다. 사실 어떤 능력이 나타나기 전에도 사람들은 그 사람이 예수님을 사랑한다는 것을 알게 된다.

특별히 교회 공동체 안에서 더욱 그렇다. 그에게는 예수님밖에 없기 때문에 모든 사람이 깊이 감동한다. 예수님을 사랑하는 사람과 함께 있으면 예수님을 느끼고 은혜를 누리게 된다. 예수님을 믿는 사람들은 그런 은혜에 민감하다. 저 사람이 예수님과 함께하는 은혜가 있는지 없는지를 금방 알 수 있다. 그런 은혜가 있을 때 다른 사람을 섬기는 것이 쉬워진다. 일단 다른 사람들이 같이 있고 싶어 하는 사람이 되기 때문에 사람들이 몰려든다. 그때 자신이 받은 은혜만을 나누어도 교제와 성장이 가능해진다. 자신의 간증과 삶을 통해 예수님이 증거될 때 사람들이 각성되고, 어려웠던 일들이 풀리는 변화를 경험하는 것이다.

복음서에 보면 예수님이 아무리 숨어 계시고 조용히 움직이셔도 사람들은 기어코 예수님을 찾아냈다. 대천덕 신부님이 강원도 태백 깊은 산골에 계셔도 사람들은 일 년에 몇만 명씩 찾아간다. 예수님을 사랑하고 친밀함에서 나오는 은혜만 있다면 반드시 사역은 일어난다. 은혜가 메말라갈수록 은혜가 있는 사람에게 더욱 사람들이 붙는다. 하나님이 함께하셔서 은혜를 주시고 생명이 있다면, 다른 사람을 섬길 힘이 있다는 뜻이다. 하나님도 사람들도 그런 사람을 찾고 있기 때문이다.

권능이 나타나면 사람들이 쉽게 알아봄으로써 일하는 것이 쉬워지지만 또한 조심해야 할 일도 생긴다. 권능이 나타나는 것도 어렵지 않지만 잃어버리는 것도 어렵지 않음을 알아야 한다.

본래 권능의 척도는 기적에 있다기보다 변화에 있다고 할 것이다. 가장 큰 변화이자 기적은 사람이 변하는 것이다. 권능을 잃어버린 사람은 과거에 했던 사역을 흉내낼 수 있지만 변화가 일어나지는 않는다. 본인이 그것을 가장 잘 알 수 있다. 변화가 없어도 당장은 모르지만 조금만 지나면 은혜가 메마르게 된다. 처음에는 본인만 알지만 시간이 흐르면 점점 남도 알게 된다. 성령의 능력이 없어지면 단순히 능력이 없어지는 차원에 머무는 것이 아니다. 성령의 능력으로 행했던 모든 것에서 문제가 발생한다. 사실은 모든 것을 잃어버린 것이다.

성령의 능력으로 자신의 육체적 한계와 잘못된 성격을 누르고 은혜로 하던 것들이 불가능해진다. 은혜로 용서하고 넘어갈 수 있는 일도 예민하게 반응하게 됨으로써 문제가 더 복잡해지는 것이다. 자신의 한계를 금방 드러내게 된다. 이미 하나님이 함께하시지 않는 초조함을 마음속에 가지고 있다. 어떤 식으로든 그 초조함을 해결해야 하는데 보통은 생명력 있는 관계 대신에 절차와 인간적인 방법들로 안정감을 추구하게 된다. 그러면 변화가 사라지고 은혜가 메마르게 되는 것이다. 성령께서 인도하고 계시다는 느낌이 사라지고 인간적인 방법과 절차들이 그 자리를 차지하게 된다. 그것은 조직이 자리를 잡는 과정이 아니라 성령의 권능이 사라지는 과정이다. 성령의 능력으로 행하는 사람이 그래서 소중하다.

모든 사람이 그 자리에 가면 다 그렇게 할 수 있을 것 같지만 성령의 능력으로 행하는 사람이 아니면 그런 일은 동일하게 반복되지 않는다. 성령 하나님은 자리를 보고 일하시는 것이 아니라 사람을 보고 일하시기 때문이다. 성령의 능력은 성령 하나님과의 인격적인 교제 관계를 구축하고 있는 사람에게서 나타난다.

충만하여

성령충만의 열매를 맺기 위해서는 훈련이 필요하다. 그 훈련은 삶 속에서 성령 하나님의 인도함을 받는 과정에 대한 훈련이라고도 말할 수 있다. 자연스레 하나님을 의지하는 것이 몸에 배어야 한다. 성숙한 사람 치고 자기 마음대로 사는 사람은 없다.

FULLNESS

오직 성령이 너희에게 임하시면 너희가 권능을 받고 예루살렘과 온 유대와 사마리아와 땅
끝까지 이르러 내 증인이 되리라 **행 1:8**

CHAPTER 3
성령으로 충만하다는 것

예수님께 붙어 있는 것

예수님은 참 포도나무이고 우리는 가지다. 예수님은 가지인 우리가 예수님께 붙어 있어서 열매를 맺어야 제자가 된다고 하신다. 그렇지 않으면 농부이신 하나님 아버지께서 가지를 제거해버리시고, 사람들도 그런 가지를 모아서 불살라버린다고 말씀하신다.

무릇 내게 붙어 있어 열매를 맺지 아니하는 가지는 아버지께서 그것을 제거해버리시고 무릇 열매를 맺는 가지는 더 열매를 맺게 하려 하여 그것을 깨끗하게 하시느니라 (요 15:2)

예수님께 붙어 있지 않으면 가지는 마른다. 심지어 예수님을 떠나서는 아무것도 할 수 없다고 하신다. 어떤 일을 해도 열매가 없으면 하나님과 상관없는 일이다.

나는 고등학교를 졸업하고 바로 대학에 가지 못했다. 재수생에게 고통스러운 일은 대학에 간 친구들을 만나는 것이다. 더군다나 서울로 대학을 간 친구들이 학교 로고가 새겨진 티셔츠를 입고 나타나면 한참은 헤매게 된다. 서울로 그것도 좋은 대학에 합격해서 올라간 친구가 광주에 내려왔는데 친구들 모임에 오지 않겠다면서 "열매 없는 모임에는 가지 않는다"라고 했다는 말을 들었다. 나중에 알고 보니 그 친구는 UBF(대학생성경읽기선교회)에 소속되어 공동체생활을 하면서 훈련 중이었다. 그는 2학년이 되기 전에 500명의 사람들에게 복음을 전하고 다녔다.

나는 군대에서 예수님을 인격적으로 만나고 나서 그 친구를 이해하게 되었다. 한번은 그 친구가 교회 안에서 따르는 후배들과 성경공부를 한 것이 문제가 되었다. 친구들이 편지를 보내와서 그 친구를 빨리 멈추게 해야 한다고 했을 때 나는 우리가 질투에 붙잡혀 있는지 살펴보아야 한다는 내용의 답장을 보냈다. 벌써 20년도 더 지난 일이다.

예수님께 붙어 있으면 열매를 맺는다. 예수님께 붙어 있다는 것은 무엇인가?

그의 계명을 지키는 자는 주 안에 거하고 주는 그의 안에 거하시나니 우리에게 주신 **성령으로 말미암아 그가 우리 안에 거하시는 줄을 우리가 아느니라** (요일 3:24)

우리는 성령의 역사로 말미암아 예수님께서 우리 안에 거하시는 줄을 알게 된다. 성경은 우리가 성령의 역사로 예수님을 구주로 고백하게 된다고 말씀하신다.

그러므로 내가 너희에게 알리노니 하나님의 영으로 말하는 자는 누구든지 예수를 저주할 자라 하지 아니하고 또 **성령으로 아니하고는 누구든지 예수를 주시라 할 수 없느니라** (고전 12:3)

예수님을 더 깊이 알고, 예수님의 가르침을 깨닫기 위해서는 성령의 역사가 필요하다. 성령의 역사로 말미암아 우리는 예수님께 붙어 있을 수 있다. 예수님께 붙어 있다는 것은 모든 상황에 성령의 도움으로 예수님이 원하시는 일을 한다는 것이다. 그것은 예수님을 더 깊이 믿는 일이고 다른 사람을 사랑하는 일이다. 성령의 역사가 없을 때 우리는 내가 원하는 대로 하게 되며 결국 예수님의 뜻을 벗어나게 되어 말라버린 가지가 된다.

인도함을 받는 특권

나는 살아 있는 생명에 대한 부담감이 크다. 언젠가 딸이 학교에서 무언가를 한다고 금붕어 몇 마리를 키웠다. 작고 예쁜 어항에 금붕어들이 살고 있었는데 차츰 한 마리씩 죽어갔다. 더욱 마음이 상했던 것은 한 마리가 공격을 받아서 살점이 떨어져나가자 다른 붕어들이 그 붕어만을 공격하여 결국 죽게 했다. 나에게 있어 집에서 식물이나 동물을 기른다는 것은 즐거움이 아니라 고통이다.

딸이 개를 기르고 싶어 하지만 조심스러워 하는 이유다. 개가 오면 우리는 새로운 관계 설정을 해야 할 것이고 개의 생명에 대한 부담감을 갖게 될 것이다. 딸에게는 많이 미안하지만 늘 말해준다.

"네가 결혼해서 길러라. 아빠는 힘들다."

이사 오면서 화분을 선물로 받아 어쩔 수 없이 식물을 기르게 되었다. 실내 공기 정화에도 도움이 된다니 키우기로 했다. 한번은 전철역 앞에서 할머니가 조그만 화분 몇 개를 놓고 팔고 계시는 걸 보고 하나님께서 부담감을 주셔서 살 마음은 전혀 없었지만 순종해서 샀다. 나름대로 잘 자랐는데 환기한다고 문을 활짝 열었더니 갑자기 차가운 공기에 노출된 잎사귀가 시꺼멓게 변했다. 또 고통스럽다.

다행히 아내의 수고로 얼마 후 새잎이 나기 시작했다. 아내나 나나 생명에 대한 고통이 큰 편이다. 자식들 돌보기도 벅찬데 나무에 개까지 돌보기는 힘들다.

아내는 그래도 나보다 나아서 식물들을 잘 돌본다. 영양제도 사서 꽂아주고 흙도 갈아준 덕분에 화분들은 생명을 유지하고 있고 새로 사오지도 않았는데 숫자가 늘어난다. 크게 자란 나무를 나누어 심다보니 그렇게 되었다. 밤새 자고 일어나서 아침에 창문을 열고 블라인드를 올리면 햇살이 가득 들어온다. 화분들이 '아! 살겠다'고 말하는 것 같다.

빛은 생명이다. 예수님은 우리를 비추고 계신다. 그 빛은 우리에게 강요하지 않지만 우리를 살게 한다. 빛 되신 예수님은 우리에게 생명을 주신다. 생명 되신 예수님을 영접(welcome)하는 사람은 예수님을 믿는 사람이고, 예수님을 믿는 사람은 하나님의 자녀가 되는 권세를 받은 것이다. 예수님을 믿는 사람의 마음 안에 거하시는 성령 하나님의 역사로 우리는 하나님을 아버지라 부르는 특권을 갖게 되었다.

영접하는 자 곧 그 이름을 믿는 자들에게는 **하나님의 자녀가 되는 권세를 주셨으니** (요 1:12)

너희가 아들이므로 하나님이 그 **아들의 영**을 우리 마음 가운데 보내사 **아빠 아버지라 부르게 하셨느니라** (갈 4:6)

아들의 영(靈), 예수의 영이신 성령 하나님은 예수님을 구주로 고백하는 자의 마음 가운데 와 계신다. 성령의 역사하심, 증언이 없이는 누구도 자신이 하나님의 자녀인 것에 대해 확신과 위로를 누릴 수 없다. 깊은 은혜 가운데 기도하거나 찬양을 하면 반드시 위로와 함께 하나님이 나의 좋으신 아버지가 되신 것을 알 수 있다.

무릇 하나님의 영으로 인도함을 받는 사람은 곧 하나님의 아들이라 (롬 8:14)

우리가 하나님의 자녀가 되었다는 가장 중요한 특징은 성령 하나님의 인도함을 받는 것이라고 로마서는 말해준다. 우리 마음 가운데 계신 성령 하나님은 가만 계시는 것이 아니라 계속해서 자신의 뜻을 우리에게 보내신다.

그래서 성령 하나님의 인도하심을 세밀하게 받으려면 자신의 마음을 잘 살펴야 한다.

> 그러므로 네가 이 후로는 종이 아니요 아들이니 아들이면 하나님으로 말미암아 유업을 받을 자니라 (갈 4:7)

또한 우리는 영광스러운 상속자로서 하나님의 유업을 누리는 자녀의 특권이 있다. 성품과 삶에서 하나님을 닮은 면이 없다면 그는 자녀로서 특권을 누릴 수 없다. 성령 하나님의 인도하심을 따라 점점 예수님을 닮아가고 증거하는 권능의 삶을 살 때 그에게 허락된 유산이 확보되는 것이다. 하나님의 땅은 넓다. 누구나 자신의 땅을 차지할 수 있다. 그러나 아무에게나 허락된 것이 아니라 하나님의 자녀들에게만 허락된 상속권이다. 그 땅은 하나님의 인도하심을 모르는 사람이 경작할 수 없다. 하나님의 유산은 하나님의 성품과 능력을 따라서 경작하고 누릴 수 있는 땅이다. 농부가 아니고 농기구가 없는 사람은 아무리 땅이 넓어도 경작하여 열매를 거둘 수 없다.

내 마음대로 욕심을 따라 행하던 것은 지나간 날로 족하다. 이제부터는 세밀하게 자신을 살펴서 늘 성령 하나님의 뜻을 따라 살아야 한다. 성령님의 인도함을 받고자 할 때 과거 익숙한 대로 자신의 욕심을 따라 하면 그 마음이 찔리게 된다. 우리가 갑자기 거룩해지거나 도덕성이 높은 사람이 되는 것이 아니다. 나 자신의 욕심을 하나님의 뜻에 비추었을 때 비로소 그 마음이 찔리게 되는 것이다. 사람은 자신의 욕심대로 하고도 전혀 찔리지 않는 족속이다. 만약 사람이 자신의 욕심대로 하면 찔리고, 그래서 마음과 행동을 돌이키는 족속이었다면 세상이 이렇게 되지는 않았을 것이다.

성령으로 충만한 사람은 반드시 예수님을 깊이 알고, 증거하며, 하나님께 영광을 돌리게 된다. 성령으로 충만하지 않으면 예수님을 잘 모르게 되고, 증거하기 어려우며, 자신이 영광을 차지하게 된다. 오직 성령이 임하시면 권능을 받고 예수님을 증거하는 삶을 살게 된다고 말씀하셨다.

오직 성령이 너희에게 임하시면 너희가 권능을 받고 예루살렘과 온 유대와 사마리아와 땅 끝까지 이르러 내 증인이 되리라 하시니라 (행 1:8)

'오직'이다. 예수님을 알고 증거하며 영광 돌리기 위하여 성령의 충만함을 반드시 구해야 한다. 이 부분에서 혼란이 없다면 성령 하나님으로 충만한 삶에도 혼란이란 없다. 성령충만함에 있어서 예수님 중심성을 놓치면 혼란이 찾아온다. 그것은 성령 하나님이 원하시는 일이 아니다. 바울의 말대로 하나님은 질서의 하나님이시고, 우리는 하나님이 정하신 질서를 존중하고 따라야 한다.

충만에 대한 오해

예전단을 나온 후 나는 가장 성령충만했던 것 같다. 학생 때와 간사 시절을 통해 공동생활과 선교단체의 좋은 것을 체화한 나의 삶은 몇 년 동안 지나가는 예쁜 여자가 눈에 들어오지 않을 정도로 매우 거룩한 상태였다. 새벽마다 친밀한 기도와 묵상이 이어졌고, 곰팡이가 핀 방 구석에서 조용히 아침을 맞는 날들이 많았다. 아마도 다시 오지 않을 빛나는 삶의 순간이다. 오직 하나님만 주목하시는 삶, 과장을 보태자면 마치 다윗이 들에서 혼자 양을 치던 모습 같다고나 할까. 아무도 주목하지 않지만 인생의 어느 때보다 하나님의 긍휼이 크고 친밀함이 넘치는 시간이었다.

하지만 그때는 내 인생의 가장 괴로운 시간들이기도 했다. 돈은 없고, 아이는 아프고, 쌀은 떨어지고, 무엇보다 한순간에 모든 권위나 포지션을 잃어버린 깊은 허탈감이 있었다. 항상 전화하던 사람들이 전화를 해도 받아주지 않을 때 외로웠다. 사람들이 순식간에 다른 태도로 나를 대할 때 힘들었다.

집에 혼자 있을 때 가끔 강의 요청이 와서 가면 강사가 먹을 수 있도록 간식들이 놓여 있었다. 아이들과 먹으려고 화장지에 그 간식들을 싸왔다. 지금은 살이 찔까봐 가져오지 않는다. 그것이 나의 가장 큰 문제이다. 인생에 있어서 하나님과의 관계가 최우선인가 아니면 시험 없이 복 받고 잘나가는 것이 최우선인가? 잘나가는 사람이 하나님과 친밀한 시간을 충분히 확보할 수 있는가? 이미 마음이 부요해서 복잡한데 어찌 가난한 마음이 들겠는가?

그렇다고 성령충만하기 위해서 일부러 시험을 자초해야 하는 것은 아니다. 중요한 것은 상황이 무섭게 변해도 충만함을 유지해야 한다는 사실이다. 하지만 삶은 그렇게 쉽지 않다. 성령충만해서 기적이 일어나면 모든 일이 해결되고, 기꺼이 우리가 믿고 안심할 수 있는 어떤 이상향이 나올 것이라 생각할 수 있지만 이 땅에 사는 한 그런 일은 없다. 나는 아무것도 하지 않았는데 놀라운 능력이 나타나서 갑자기 삶이 변화되고, 내가 주인공이 되어서 삶을 멋지게 사는 일은 없다. 예수님도 그렇게 살지 않으셨다. 예수님은 40일을 금식하시고 난 후 시험을 받으셨다. 성경은 그것이 성령에게 이끌리셔서라고 말씀하신다.

예수께서 **성령에게 이끌리어** 마귀에게 시험을 받으러 광야로 가사 (마 4:1)

마가복음은 조금 더 적극적인 표현을 쓴다.

성령이 곧 예수를 광야로 몰아내신지라 (막 1:12)

40일 금식이 끝났으면 본격적인 기적이 일어나야 할 것 같은데 예수님은 시험을 받으셨다. 성경은 비교적 그 과정을 담담하게 말하지만 원수가 주는 시험은 기분 나쁘고 힘든 일이다. 원수가 주는 시험이 즐거운 사람은 없다. 그래서 아마도 사람들은 시험이 없었으면 하는 것 같다. 하지만 예수님이 다시 오시거나 우리가 천국에 갈 때까지 시험이 없을 수는 없다. 원수가 없어지지 않는다면 사는 동안 대적하고 다스리는 방법밖에는 없다.

설사 성령충만하지 않는다 해도 시험이 없는 인생이 있는가? 누구나 다 겪는 것이 시험이다. 충만한데 왜 시험이 오는지 이해하지 못하겠다고 말해서는 안 된다. 시험이 있나 없나 하는 것이 신앙의 기준이 아니다. 오히려 시험이 있을 때 어떻게 반응할 것인지를 결정하는 것이 신앙이다. 시험이 없는 충만함을 잘 살펴야 한다. 성령충만하면 모든 것이 잘된다는 결론은 문제가 있다. 아마도 듣는 사람이 두려워할까봐 진실을 다 말해주지 않았거나 말하는 자신이 조금이라도 돋보이게 하려고 긍정적인 면만 강조한 것인지도 모른다.

성령충만하면 결박과 환난을 받는다. 바울은 예루살렘에 올라가지 말라는 간절한 권면을 받았다. 그는 목숨을 잃을지도 모른다는 위기감을 느꼈다.

보라 이제 나는 성령에 매여 예루살렘으로 가는데 거기서 무슨 일을 당할는지 알지 못하노라 오직 성령이 각 성에서 내게 증언하여 **결박과 환난이 나를 기다린다 하시나** (행 20:22,23)

바울은 우리가 들을 수 없는 말을 듣는다. 성령께서 결박과 환난이 기다리고 있다고 말씀해주시는 것이다(이런 말을 아무나 듣는 것은 아니다). 바울은 자신이 예루살렘에 죽으러 가는 이유는 성령께 매여 있기 때문이라고 이해하고 있다. 성령 하나님은 우리가 결박과 환난 당하는 것을 말씀하실 수 있다. 바울은 그런 성령님의 뜻을 잘 이해하고 받아들이고 적극적으로 순종하고자 했다.

성령충만하면 원수의 공격을 받는다는 것이 진실이다. 원수가 공격하지 않는 사람은 원수와 한편이든가 아니면 원수가 공격할 가치를 못 느끼든가 둘 중 하나다. 시험을 자초하는 것은 어리석은 일이나 오는 시험을 거절할 수는 없다. 이겨내고 강건해지는 과정이며 예수님을 닮아가는 과정이기 때문이다. 강건한 삶을 싫어하는 사람은 영원히 시험 속에서 살 것이다. 이기지 못하기 때문이다. 죽을 것 같지만 죽지 않는다. 반드시 살아서 하나님의 영광을 볼 것이다.

시험 없는 영광이 있다 해도 그건 너무 싼 영광이다. 박지성의 발을 보라. 그 발이 그를 유명한 축구 선수로 만들었다. 얼음판에서 초등학생 때부터 수만 번 넘어져야 김연아가 된다. 박지성과 김연아뿐 아니라 무언가를 하자면 적어도 일 만 시간의 연습이 필요하다고 하지 않는가. 시험을 싫어하고 경건의 연습을 싫어하는 신앙인에게 달콤한 열매는 없다. 제자들도 바울도 그렇게 살지 않았다. 성경에 없는 삶의 모델을 만들어내지 말자.

성령 하나님은 인격이신 하나님이시다. 내 삶의 문제를 해결하기 위해, 나 자신을 돋보이게 하기 위해 찾을 수 있는 분이 아니다. 그렇게 하면 우리는 성령의 능력을 돈으로 사고자 했던 시몬의 실수를 반복하는 것이다(행 8:18-20 참조).

충만을 방해하는 것들

원수는 우리 마음을 공격하여 마음을 놓치게 만든다. 악한 마귀는 우리가 착하다고 해서 봐주지 않는다. 어떤 문제가 발생했을 때 원수의 공격을 늘 의심해야 한다. 전쟁을 엉뚱하게 치르지 않도록 말이다. 욥과 친구들은 원수를 어떻게 잠잠하게 할 것인가를 논의했어야 했다. 욥이 죄가 있는지 없는지, 죄가 없는데 하나님께서 왜 그렇게 하셨는지를 묻지 말고 원수를 대적해야 했다.

원수는 아담과 하와를 유혹하여 죄를 짓게 했다. 원수가 가장 잘 쓰는 무기는 우리로 하여금 죄를 짓게 하는 것이다. 우리가 죄를 지으면 원수는 하나님께 우리를 참소할 기회를 얻는다.

죄는 하나님과의 관계를 깨트린다. 회개하는 것이 유일한 회복 방법이다. 우리가 하나님의 보호를 받지 못한다면 원수는 우리를 진정으로 우습게 여긴다. 어떻게 하든지 우리가 죄를 지어 하나님의 보호로부터 벗어나게 만드는 것이 원수의 목적임을 알고 대처해야 한다.

죄를 지었어도 다윗처럼 자신의 죄에 대하여 상한 마음으로 하나님 앞에 나아가면 용서를 받는다. 우리가 즉각적으로 죄를 슬퍼하고 하나님이 주시는 마음으로 회복할 수 있다면 원수의 계략은 수포로 돌아간다.

비록 죄가 우리를 낙심하게 하지만 진정한 회개는 우리를 회복하게 한다. 죄가 더한 곳에 은혜가 더욱 넘쳤다고 성경은 말한다 (롬 5:20). 죄를 회개하고 은혜로 회복되는 사람을 원수는 무서워한다. 비록 원수가 죄를 짓게 했어도 다시 하나님께 돌아가서 회복된 사람은 자신을 용서해주신 하나님을 더 많이 사랑하게 되기 때문이다.

예수님께서도 발에 향유를 붓는 여자를 판단하는 바리새인 시몬을 향하여 말씀하셨다.

이 여자를 보느냐 내가 네 집에 들어올 때 너는 내게 발 씻을 물도 주지 아니하였으되 이 여자는 눈물로 내 발을 적시고 그 머리털로 닦았으며 … 내가 네게 말하노니 그의 많은 죄가 사하여졌도다 이는 그의 사랑함이 많음이라 사함을 받은 일이 적은 자는 적게 사랑하느니라 (눅 7:44,47)

탕감 받은 은혜를 알고 예수님을 더 많이 사랑하게 된 사람을 죄로 유혹하여 믿음에서 떨어지게 하는 것은 원수에게 어려운 일이다.

이럴 때 원수는 두 번째 공격을 한다. 속사람, 즉 마음의 약한 부분을 공격하여 내면의 질서가 무너지게 한다. 그래서 교회 성도들이 늘 성령 하나님의 인도하심을 놓치지 않도록 돌보는 것이 사역의 전부나 다름없다.

한 형제가 일주일 동안 친척과 그가 양육하는 지체에게 은혜를 나누고 사역한 것을 이야기했다. 정서적으로 힘든 아내 쪽 친척을 위해 자신도 어떻게 정서가 어려웠는지 이야기하고 받은 은혜를 나누었다고 한다. 이혼 위기를 겪고 있는 지체에게는 사명으로 살아야 문제를 극복할 수 있다고 멘토한 내용을 들려주었다. 그의 말을 들으며 보람되고 행복하기도 했지만 어쩐지 마음이 시원치 않았다.

돌아오는 전철 속에서 형제를 위해 기도하는데 하나님이 주시는 마음은 형제가 마음이 어렵다는 것이다. 그는 동물병원을 운영

하고 있는데 한 주간 동안 손님이 없어서 마음이 많이 위축되어 있다는 것이다. 하나님은 형제를 긍휼히 여기고 계셨다. 나는 조금 당황스러웠다. 그가 사업이 어려워도 이겨내며 사명으로 잘 살고 있다고 생각했기 때문이다. 확실히 사람은 사람의 마음을 알 수 없다. 나는 형제에게 전화해서 따뜻하게 하나님이 주시는 마음을 나누었다.

나중에 교회 카페 게시판에서 그 형제가 쓴 글을 봤다. 자신도 잘 몰랐는데 가만히 살펴보니 손님이 없는 동안 자신의 마음이 절망에 붙잡힌 것을 느꼈다고 한다. 손님이 많이 오고 재정이 풍성한 것에 소망이 있다보니 손님이 오지 않자 마음에 소망이 없어졌다는 것이다. 그렇지만 하나님께로부터 책망보다는 따뜻함을 느꼈다고 고백했다. 그 글을 보며 나의 마음도 따뜻해졌다. 하나님은 형제를 긍휼히 여기고 돕고 계셨다.

하나님이 그때 주시는 마음은 처음으로 돌아가야 한다는 것이었다. 개척 초기에 사명으로 살면 교회를 풍성하게 하시겠다는 하나님의 약속으로 돌아가는 것이다. 열매에 집중한 나머지 열매를 주시는 하나님을 놓치면 안 된다는 마음을 주셨다. 우리는 성숙한 형제와 함께 기도했고 평안해졌다. 열매가 없으면 소망이 없어지는 것이 아니라 항상 열매를 주시는 하나님 때문에 소망을 갖는 것이다.

원수는 재정에 약한 사람은 재정으로, 관계에 약한 사람은 관계로, 성적 유혹에 약한 사람은 이성의 유혹으로, 자기 의로움에 약한 사람은 자기 의로움으로, 인정받는 데 약한 사람은 사람의 인정에 마음을 빼앗기게 함으로써 우리 마음을 공격한다. 가만히 들어온 원수의 가라지를 잘 골라내서 좋은 밭을 유지해야 인도하심을 놓치지 않고 성령의 열매를 맺을 수 있다.

속사람의 회복

강의하면서 말씀, 기도, 찬양, 설교, 교제 중에서 자신이 가장 은혜를 많이 받는 통로가 무엇인지 물어본 적이 있다. 젊은 청년들이라서 그런지 대부분 찬양을 통하여 은혜를 받는다고 했다. 무엇이 자신의 통로가 되었든지 간에 성령께서 주시는 은혜가 없다면 무용지물이다.

사람들은 은혜를 받고 회복하는 자신만의 방법을 가지고 있다. 그러나 그런 것들이 외부적인 도움이라면 오래가지 못할 것이다. 예를 들어 자신이 영적으로 어려울 때 어느 집회에 가야만 회복된다든지, 특정 누군가의 멘토를 받거나 설교를 들어야만 회복되는 것은 장기적인 관점에서 그리 바람직하지 않다. 스스로 은혜를 회복하고 강건하게 사는 방법을 가지고 있어야 한다. 사람을 낚는 어부로 살아야 하는 제자가 스스로를 지키지 못하고 자신의 회복을 위해 어디론가 찾아다녀야 한다면 제대로 사역하기 어려울 것이다. 때로 우리가 피곤하고 힘들 때 반드시 사람과 단체의 도움을 받아야 할 때도 있지만 스스로를 지키고 회복할 수 있는 자신만의 방법과 경험을 날마다 새롭게 하고 성장시키는 것이 더 좋다.

속사람을 강건케 하는 특별한 방법이 있는 것은 아니다. 이미 우리가 알고 있는 신앙의 방법들을 꾸준히 성실하게 하면 된다. 먼저 말씀을 꾸준히 먹어야 한다. 말씀은 속사람에게 밥이다. 말씀을 먹지 않으면 영양실조에 걸린다. 영혼이 회복되는 가장 좋은 방법은 말씀을 읽고 깨닫는 것이다. 성령께서 말씀을 통하여 예수님이 누구신지 조명하실 때 우리는 쉼을 얻고 회복되기 때문이다. 밥을 매일 먹는다고 싫어하거나 안 먹는 사람은 없다. 말씀을 읽지 않는 사람은 밥을 먹지 않고 사는 사람이며 그는 곧 쓰러질 것이다. 밥은 매일 먹어야 한다.

살려고 억지로 먹지 말고 이왕이면 맛있게 먹어야 한다. 성경은 말씀이 송이꿀보다 달다고 한다. 어느 순간 말씀이 나에게 깊이 깨달아지면서 삶이 재조명되고 새롭게 된 경험이 있을 것이다. 스스로 말씀을 읽으면서 자신의 영혼을 지키고 회복할 수 있다면 정말 좋다. 일단 말씀이 자신의 삶에 은혜가 되면 생각과 마음에 열매를 맺는다. 무엇보다 소중한 것은 말씀이 나의 생각을 새롭게 한다는 것이다.

말씀은 마치 야구에서 수비와 같다. 타율은 그때그때 컨디션에 따라 좋고 나쁘고 할 수 있지만 수비는 항상 일정한 수준을 유지할 수 있다. 모든 나라의 음식 문화가 다르지만 주식(主食)이라는 것이 있다. 서양 사람들에게 빵, 한국 사람들에게 밥과 같이 말씀은 생명의 양식이다.

더불어 찬양은 반찬과 같다. 맛있는 식사를 위해서는 반찬도 중요하다. 그러나 너무 반찬만 먹고 있는 것은 아닌지 점검할 일이다. 반찬만 먹고 밥은 먹지 않는다면 불균형을 초래한다.

말씀이 밥이라면 기도는 물과 같다고 비유하고 싶다. 밥을 먹으면 속이 든든하고 물을 마시면 시원하다. 말씀만 읽고 기도를 하지 않으면 목마를 수 있다. 밥도 먹고 물도 마셔야 한다. 속사람은 기도를 통하여 시원한 물을 마시는 것이다. 마음이 어렵고 불안할 때 속사람은 약해진다. 기도를 통해 그런 마음을 새롭게 할 수 있다면 다시 속사람은 평강하고 강건해질 것이다. 밥도 먹고, 반찬도 먹고, 물도 마시는 균형이 필요하다.

속사람이 강건해지기 위해서는 잘 먹는 것과 아울러 훈련이라는 운동도 해야 한다. 먹기만 하고 운동을 하지 않으면 건강할 수 없다. 삶에서 일어나는 비공식적인 훈련과 함께 일정한 교육을 통한 정규적인 훈련도 필요하다.

겉모습을 가꾸기 위해서 노력이 필요하듯이 속사람을 강건하게 하기 위해서도 게으르지 말고 열심을 내야 한다.

군종사병으로 근무할 때 새벽기도 하는 게 너무 힘들었다. 기온이 영하 20도까지 내려가는 추위에 교회까지 가는 일도 고통스럽지만 경유 난로에 불을 때기가 쉽지 않았다. 난로에 불을 붙이고 예배 준비를 한다. 목사님이 오셔서 설교하시고 불을 끄고 개인기도가 시작되면 난 군종실로 가서 책상에 엎드려 자곤 했다. 목사님은 한동안 별 말씀 안 하시다가 딱 한 번 내게 한마디 하셨다.

"기도 좀 하지 그래?"

조금 찔렸지만 새벽에 근무를 서고 나서 새벽예배를 드리는 것이 힘들었고 나는 사역자가 아니라 군종 업무를 하는 행정병일 뿐이라고 스스로 생각했다. 그러다가 새벽에 설교를 해야 할 일이 생겨 성경을 읽게 되었고, 말씀을 통해 예수님을 인격적으로 만나게 되었다. 이후로 새벽에 기도하는 시간이 달라졌다. 하나님은 그동안 내가 살아오면서 받은 상처들을 하나씩 치료하기 시작하셨다. 새벽마다 눈물바다였다. 한량없는 하나님의 은혜가 넘치는 시간이었다.

군대에서 전역한 후로도 기도는 멈추지 않았다. 집 근처 교회 새벽예배에 가서 기도했다. 다른 것은 몰라도 새벽에 일어나서 기도하는 것은 반드시 했다. 그 시절 가끔 집사님들이 한참 기도하고 있는 내 등 뒤에 와서 가만히 말씀하셨다.

"형제님 기도 때문에 기도가 안 나와요."

그래도 난 미안한 줄 몰랐다. 내 기도 소리는 남의 기도를 막을 만큼 컸고 주로 울부짖는 기도였다. 하나님께서 나의 상처를 만지셔서 울고, 죄 때문에 회개하면서 울었다. 나중에는 기도가 약간 조작되고 있다는 느낌을 받았다.

먼저 기도를 본격적으로 하기 전에 30분 이상 찬양을 했다. 기도하고 싶은 감동이 일어날 때까지 찬양을 하는 것이다. 그러다가 어느 순간 찬양이 마음에 감동을 주고 눈물이 나면 기도가 본격적으로 불이 붙기 시작한다. 처음에는 은혜로 깊은 기도가 되었지만 나중에는 눈물이 나지 않거나 마음이 시원해지지 않으면 기도를 하지 않은 것 같았다.

사람마다 기도의 패턴이 있다. 기도가 깊어지게 하는 일정한 형식이 있는 것이다. 보통 '기도줄을 붙잡았다'고 표현한다. 익숙한 방식으로 은혜스럽게 기도하는 것은 좋지만 기도는 그 내용과 형식에서 성장이 있어야 한다. 늘 그렇듯이 성장은 공동체 안에서 다른 사람과 부딪히면서 나의 의로움, 나만의 방식이 깨지면서 일어난다.

기도에 대해서 처음 도전을 받은 곳은 예수원이었다. 대학에 복학한 2학년 봄에 예수원에 갔다. 예수원은 진정 쉼과 회복을 위한 곳이었다. 강원도 산간의 바람 소리, 산책로를 따라 올라가서 먹었던 고로쇠 물, 적당한 노동 후에 먹는 산나물이 들어간 라면, 모든 것이 행복했다.

저녁 자유 시간에 기도하러 기도실에 갔다. 기도를 시작하는데 곧 사역하시는 분이 와서 차분하게 제재한다.

"여기는 침묵으로 기도하는 곳입니다. 기도를 크게 하시려면 밖에 나가서 하면 됩니다."

밖에 나갔지만 기도가 잘 안 된다. 나의 기도는 예배당에서 크게 하는 것이 몸에 밴지라 밖에서는 기도가 나오지 않는다. 이튿날 침묵으로 기도하는 방에 가서 기도를 하지만 여전히 기도가 이어지지 않는다.

예수원에 가기 전, 집 앞에 있는 교회에서 새벽기도를 할 때였다. 개인기도를 마친 사람들이 한 사람씩 자리를 뜨고 마지막까지 남는 사람은 보통 목사님과 나였는데, 목사님은 거의 소리를 내지 않고 기도하셨다. 가끔 '아멘' 하시면서 뭐라고 하시는데 거의 소리가 들리지 않을 정도였다. 처음에는 목사님이 주무시는지도 모르겠다고 생각했다. 아니면 남의 기도 소리를 듣고 계시거나. 그런데 목사님의 설교나 교회 분위기로 보아 그럴 분이 아니셨다. 참 성숙하시고 깊이가 있는 분이라 나는 더 의문이었다.

'어떻게 소리를 내지 않고 한 시간 넘게 있을 수 있단 말인가.'

대학생 DTS를 갔을 때는 정말로 새벽기도가 쉽지 않았다. 주택가 2층 양옥집을 빌려 훈련을 받았는데 새벽에 기도하러 교회에 가는 것을 허락받지 못했다. 그냥 숙소에서 기도하라는 것이다. 주택가에서 새벽에 소리를 지를 수는 없어서 결국 창고에 가서 조그만 의자에 앉아 조용히 그리고 침묵하면서 기도하게 되었다.

그것은 하나님의 인도하심이었다. 7개월 정도를 소리 내지 않고 기도를 하니 기도 소리가 작아지고 점점 나의 기도가 아니라 하나님의 뜻을 향한 집중이 되었다. 소리를 크게 내지 않아도 마음으로 하나님의 뜻을 받고 마음으로부터 하나님을 향하여 기도하는 것이 몸에 배게 되었다.

처음 기도에 불이 붙었을 때는 일정한 장소와 분위기 그리고 나의 감정이 올라오지 않으면 기도가 되지 않았다. 그러나 새벽 시간이 조용히 하나님을 기다리는 시간이 되면서 언제 어디서나 하나님의 뜻을 기다리는 고요한 시간을 가질 수 있게 되었다. 나중에는 걷거나 버스를 타면서도 혼자 있는 시간에는 어디서나 마음속으로 기도하고 하나님의 마음을 받는 것이 가능하게 되었다. 데살로니가전서 5장에 나오는 "쉬지 말고 기도하라"라는 말이 무슨 뜻인지 알게 되었다. 처음에 이 성경 구절을 보았을 때 좌절했다.

'어떻게 쉬지 않고 기도한단 말인가. 그렇게 시간이 나지도 않을 뿐만 아니라 삶의 구조가 애초에 불가능한데.'

기도와 노동으로 삶이 단순했던 중세 수도사들 말고는 할 수 없다는 생각이 들었다. 그러나 침묵으로 기도하는 시간을 갖게 되면서 언제 어디서나 기도가 가능하게 되었다. 침묵으로 하나님 앞에 있어도 집중력이 흐트러지지 않고 기도가 가능할 뿐 아니라 하나님의 마음을 받는 것이 어렵지 않게 된 것이다. 어떤 메커니즘을 따라 이렇게 되었는지 모른다. 기도를 인도하시는 하나님의 인도하심을 따르다보니 그렇게 되었다.

정직한 마음의 고백

기도를 시작하면 먼저 무슨 일이 있는지 담담하게 하나님께 말해야 한다. '담담하게'라는 것은 누구를 원망하거나 나 자신을 자책하지 않으면서 기도하는 것을 말한다. 누군가 자신을 원망하거나 자책하면서 말을 하면 듣기 거북하다. 상대방의 말을 듣는 우리는 본능적으로 그 사람이 차분해지면 좋겠다고 생각한다. 말은 하고 있지만 대화는 되지 않는 상태라고 할 수 있다. 이와 비슷하게 마음이 정말로 어려울 때는 기도가 되지 않는다. 그때는 기다리는 수밖에 없다. 시간이 조금 지나야 마음이 가라앉고 기도할 수 있게 된다.

하나님은 믿음의 상태가 아닌 말들에 대해서 반응하시지 않는 것 같다. 기도할 때 믿음이 없이 불안한 가운데 기도하면 혼자 말하고 있는 느낌을 받는다. 기도가 대화라면 우리의 말에 하나님께서 응답하시고 지지하셔야 은혜가 있다. 만약 기도하는데 평소에 있던 은혜가 없다면 자신을 돌아보아야 한다. 하나님을 신뢰함으로 말하고 있는지 자신을 살펴야 한다. 사장님이나 높은 사람들 앞에서 이야기할 때 신경을 쓰는 것처럼 하나님 앞에 가서 기도할 때 신경을 써야 한다. 그렇다고 눈치를 보면서 하고 싶은 말을 못하면 안 된다. 허심탄회하고 정직하게 말하는 것이 가장 좋다. 그러나 함부로 말하면 안 된다. 하나님은 나의 좋으신 아버지이자 권위자라는 균형을 상실하면 안 된다.

"모든 것을 믿습니다" 하는 식으로 자신의 생각 없이 비인격적인 기도를 하라는 것이 아니다. 하나님 앞에서 기도할 때 평소 누리는 대화의 분위기를 유지하면서 말하라는 것이다. 우리가 이야기할 때 특정한 그 사람과 대화하는 일정한 분위기가 항상 유지되지 않는가? 갑자기 그 분위기가 깨지면 대화는 사실상 단절되고 복잡한 마음의 상태에서 대화가 흐트러지면서 서로 상처주기 쉽다.

아들이 아프고 회복이 더딜 때 익숙한 기도를 했다. 어쩐지 불편했지만 남들이 그렇게 기도하니까….

'하나님, 제 아들을 고쳐주시면 아들을 하나님께 바치겠습니다.'

하나님은 엄청 화를 내셨다. 그런 식으로 기도하지 말라고. 아주 차갑고 냉정한 느낌이었다. 깊이 반성했다. 문제를 해결하기 위해 하나님과 거래를 하려는 것에 대해서 하나님은 불쾌해하신다는 것을 뼈저리게 느꼈다. 그것은 마치 아주 친밀한 친구 관계에 돈이 끼어들어 소중한 마음이 깨져버리는 듯한 느낌이었다.

그런 거래를 통해 아들이 좋아지는 것이 아니다. 소중한 사랑의 관계를 나의 필요를 채우기 위한 거래의 관계로 만들어서는 안 된다. 하나님과 소중한 관계이기 때문에 그분은 내 아들에 대해 나보다 관심이 많으시고 진실로 도와주시는 것이다. 하나님과의 관계에 있어서 그때가 가장 심각했던 때가 아닌가 싶다.

내게 발생한 문제들에 대해서 하나님을 깊이 신뢰하는 믿음의 태도를 잃지 말고 겸손하게 기도해야 한다. 그러면 비교적 평안한 상태에서 자세히 무슨 문제가 있는지 말할 수 있다. 상담을 받을 때처럼 하나님 앞에 가서 차분하게 말하면 된다.

어떤 일에 대해서 담담하게 말했다면 다음에는 그 일에 대한 자신의 마음을 자세히 말하는 것이 좋다. 일에 대해서 담담하게 말하는 것보다 훨씬 더 많이 말해야 할 것이 나의 마음에 대한 고백이다. 주로 자신의 깊은 속 감정을 말하는 것이 좋다. 하나님은 우리가 말하기 전에 우리 마음을 살펴서 이미 알고 계신다. 그럼에도 우리는 마음 상태를 정직하게 말해야 한다. 그래야 믿음이 성장하게 된다. 믿음은 살아 계신 하나님을 향한 신뢰이다.

'이렇게 말하면 하나님께서 어떻게 생각하실까?'

이런 걱정은 할 필요가 없다. 내가 말 안 한다고 하나님께서 모르시는 게 아니다. 나를 지으신 분이 나의 약함이나 부정한 생각들에 대해서 이해하지 못하실 리 없다. 만약 우리가 사람의 마음을 안다면 괴로워서 살 수 없을 것이다. 겉보기에 훌륭한 사람이 온갖 더러운 생각을 하고 있다는 것을 알게 된다면, 나아가 모든 사람이 그런 존재라는 것을 알게 된다면 절망감에 우리는 살 수가 없다. 그러나 하나님은 우리를 지으셨고, 변화시키시는 분이다. 하나님께 우리를 향한 실망이란 없다. 그러므로 하나님을 신뢰하고 자세히 자신의 마음을 말해야 한다.

한 가지 조심해야 하는 것은 불평으로 말하지 말라는 것이다. 다시 말하지만 믿음이 아닌 말들은 응답을 받지 못한다. 성령 안에서 기도하는 것이 가능하려면 믿음으로 말해야 한다.

마음이 쉬어야 한다

예수님은 우리 마음을 쉬게 하신다. 마음이 쉬어야 성령 하나님의 인도함을 잘 받을 수 있다. 성령 하나님의 인도함을 놓치는 것은 마음을 놓친 것인데 놓친 마음을 회복하기 위해서는 마음이 쉬고 회복되는 것이 필요하다.

수고하고 무거운 짐 진 자들아 다 내게로 오라 내가 너희를 쉬게 하리라 나는 마음이 온유하고 겸손하니 나의 멍에를 메고 내게 배우라 그리하면 너희 마음이 쉼을 얻으리니 이는 내 멍에는 쉽고 내 짐은 가벼움이라 하시니라 (마 11:28-30)

우리가 수고하고 무거운 짐을 지게 된 원인은 하나님을 알지 못하기 때문이다. 하나님이 누구신지 잘 알지 못할 때 하나님이 행하실 것을 알지 못함으로 우리 마음은 쉬지 못하고 짐을 지게 된다. 그 마음의 수고로움은 말로 할 수 없다. 하나님을 모르고 하나님의 방법을 모를 때 마음은 계속 두려움과 유혹 사이를 오가게 된다. 우리는 예수님을 알고 교제함으로써 마음이 예수님께 붙어 있는 경험을 해야 한다.

하나님은 사람의 마음을 지으셨다(시 33:15). 그리고 그 사람의 마음을 조성하신다고 성경은 말한다. 본래 죄라는 말이 '과녁에서 벗어났다'는 뜻인데 그것은 나의 마음이 하나님의 뜻에서 벗어나서 나의 욕심대로 행하는 것을 말한다. 나의 욕심대로 행하면 반드시 죄가 나온다. 욕심이 잉태한즉 죄를 낳기 때문이다(약 1:15). 마음이 욕심에 붙잡혀 있는 한 쉴 수 없다. 어떤 일에 너무 마음이 쓰이면 즉각 하나님 앞으로 가야 한다. 우리 마음을 쉬게 하고 회복하게 하시는 분은 하나님 한 분이시기 때문이다.

마음이 쉬는 것을 소중하게 생각해야 한다. 눈에 보이지 않는다고 마음의 쉼을 소중하게 여기지 않으면 마음이 고장 난다. 마음을 쉬지 못하게 하는 것을 매번 잘 정리해서 반드시 쉼을 얻어야 한다.

책을 내고 나서 인터넷 서점에 들어가 책의 판매 순위가 어떻게 되는지 보곤 했다. 처음에는 하나님께서 별 말씀이 없으셨다. 책을 내고 조금 흥분된 마음을 하나님께서 받아주셨다는 생각이 들었다. 그러나 나는 어느덧 습관처럼 책의 순위를 보고 있었다. 저녁에 일과가 끝나고 들어오면 '오늘은 또 책이 얼마나 나갔나…' 하고 인터넷을 뒤지고 있었다. 혹 책의 순위가 뒤로 밀리면 마음이 불편해지면서 불안한 기도를 하는 내 모습을 보게 되었다. 하나님은 분명하게 지적하셨다. 책의 판매 순위를 보지 말라고. 그래서 보지 않았더니 마음이 괴롭다. 보고 싶지만 하나님이 싫어하시는 것을 느꼈기 때문에 감히 보지 못했다.

어느 날인가 구글을 검색하다가 내 책에 대한 글이 올라와 있는 걸 봤다. 클릭했더니 자연스럽게 책 판매 순위가 나온다. 열심히 보았다. 하나님은 너무 싫어하신다. 마음이 급격하게 위축되어서 다시는 보지 않게 되었다. 그러면서 생각을 정리했다.

'하나님은 내 마음이 무언가에 붙잡혀서 쉬지 못하는 것을 정말 싫어하시는구나. 하나님 앞에 마음을 두고 쉬며 회복하는 것을 소중하게 여겨야겠다.'

몸의 휴식도 필요하지만 마음의 휴식도 필요하다. 그것이 진정한 안식이다. 사람을 위하여 안식일이 있다고 예수님은 말씀하셨다. 하나님은 사람을 창조하시고 반드시 하루를 쉬도록 하셨다. 그것은 의무이자 보호였다. 사람을 만드신 하나님은 사람들이 하나님 앞에 머무는 시간을 확보하도록 법으로 정하신 것이다.

> 너는 엿새 동안에 네 일을 하고 **일곱째 날에는 쉬라** 네 소와 나귀가 쉴 것이며 네 여종의 자식과 나그네가 숨을 돌리리라 내가 네게 이른 모든 일을 삼가 지키고 다른 신들의 이름은 부르지도 말며 네 입에서 들리게도 하지 말지니라 (출 23:12,13)

> 네 모든 남자는 매년 세 번씩 **주 여호와께 보일지니라** (출 23:17)

바쁜 일상에서 하나님만을 생각하고 섬기는 시간을 확보하는 것은 하나님이 정하신 법칙이지만 또한 우리를 살게 하는 보호 장치이기도 하다. 사람은 하나님의 만지심과 새롭게 하심이 없이는 살 수 없는 존재다. 나는 바쁠 때마다 하나님께 죄송하다. 하나님 앞에서 머물고 회복되는 시간을 가장 소중히 여겨야 하는데 그렇지 못할 때는 무언가 잘못되고 있음을 직감한다.

하나님 앞에 머무는 시간을 반드시 확보해야 한다. 나는 주로 새벽에 일어나서 어두컴컴할 때 하나님 앞에 조용히 앉아 있는다. 꼭 간절히 기도하거나 하지 않아도 나의 마음을 하나님 앞에 두면서 기다리는 시간을 갖는다. 보통은 다리를 쭉 뻗고 벽에 등을 기대고 편안하게 앉는다. 가끔 정 피곤할 때는 두 손을 모으고 그 위에 이마를 대고 엎드려 있기도 한다. 그러면서 하나님이 마음을 주시도록 기다린다.

특정한 문제에 대한 마음을 기다리는 것이 아니라 그냥 하나님 앞에 머물면서 하나님의 뜻을 기다리는 시간을 갖는 것이다. 몸은 이완되고 마음은 쉰다. 복잡한 마음들은 눈을 감고 잠 자던 내 영혼이 하나님을 향해 눈을 뜬다. 비로소 나의 삶이 객관적으로 보이기 시작한다. 남들에게나 나 자신에게 인정하고 싶지 않았던 나의 내면의 동기와 과정이 보이기 시작하는 것이다. 그런 내용들을 하나님께 조용히 말한다. 주로 회개다. 조용하고 깊은 회개가 일어나고 마음은 평안해진다.

어떤 경우는 마음이 쉬지 못하고 어려울 때가 있다. 그럴 때는 산책을 한다. 새벽이든 낮이든 밤이든 걷는 것이다. 가끔 자전거를 타기도 한다. 조용한 길을 걸을 때 나의 마음은 하나님 앞에서 쉰다. 그리고 복잡한 마음의 내용들이 무엇이 문제인지 분별되기 시작한다. 하나님이 주시는 마음으로 내 마음을 삼지 못할 때 쉴 수 없다. 그러나 예수님이 마음을 주시면 쉴 수 있고 믿음이 생겨서 강건해진다. 두려움이 물러가고 시달림도 없어진다.

  사람마다 하나님께 집중하는 방법이 다를 수 있다. 자신만의 방법을 찾아서 하나님 앞에 가서 마음을 쉬게 하고 짐을 내려놓아야 한다. 나의 마음은 복잡하고 무겁지만 예수님의 가르침은 쉽고 가볍다. 마음이 무겁고 복잡한 것은 예수님의 마음이 없기 때문이다. 마음이 쉬지 못하고 믿음과 가르침이 없는데 좋은 일이 일어날 리가 없다. 마음이 쉬고 예수님의 마음을 회복하고 믿음으로 강건해지는 것 그리고 그 상태를 항상 유지하는 것은 모든 일 중에 가장 중요하다. 이것이 충만한 상태이다. 그래야 영혼이 육신을 이길 수 있다.

CHAPTER 4
충만 훈련 I

생각 정리하기

성령충만의 열매를 맺기 위해서는 훈련이 필요하다. 그 훈련은 삶 속에서 성령 하나님의 인도함을 받는 과정에 대한 훈련이라고도 말할 수 있다. 성령 하나님의 인도함을 받는 것은 먼저 육신의 소욕과 싸우는 것으로부터 시작한다.

육체의 소욕은 성령을 거스르고 성령은 육체를 거스르나니 이 둘이 서로 대적함으로 너희가 원하는 것을 하지 못하게 하려 함이니라 (갈 5:17)

이 싸움에서 육신이 이기면 죄의 열매를 맺고 성령께서 우리 마음을 점령하시고 주장하시면 성령의 열매를 맺게 된다.

그리스도 예수의 사람들은 육체와 함께 그 정욕과 탐심을 십자가에 못 박았느니라 만일 우리가 성령으로 살면 또한 성령으로 행할지니 (갈 5:24,25)

그리스도 예수의 사람들이 정욕과 탐심을 십자가에 못 박았다는 의미는 성령의 뜻을 따라 행함으로써 성령의 열매를 맺는 삶이 되어 더 이상 정욕과 탐심에 지배받지 않는 것을 말한다. 성령으로 살고 성령으로 행한다는 것은 모든 삶이 성령 하나님의 뜻 안에 들어 있다는 의미일 것이다. 모든 상황에서 다 하나님의 뜻대로 행할 수 있다는 의미라기보다는 삶의 모든 상황에서 성령 하나님의 뜻을 알고자 하고, 인도함 받기 원하는 친밀한 삶을 말한다.

어느 날, 딸 희락이의 묵상 노트가 없어졌다. 아침에 묵상하고 이불 위에 놓았다는데 아무리 뒤져도 보이지 않는다. 온 가족이 출동하여 찾았지만 나오지 않는다.

'하나님, 희락이 묵상 노트가 어디 있을까요?'

음성을 듣고자 하지만 건조하다.

딸과 나는 거의 비슷하게 장롱이나 피아노 밑을 생각해낸다. 그러나 아무리 뒤져도 나오지 않는다. 같이 음성을 들었는데도 나오지 않은 적은 처음이다.

훈련은 나의 생각을 내려놓는 것인데 습관적으로 하루 종일 내 생각으로 가득한 삶을 살다가 하나님의 뜻을 묻자니 생소하기 그지없다는 느낌이 딸에게서 난다. 앞으로의 훈련이 쉽지 않음을 느낀다. 아이가 자랄수록 상황은 도전적이다. 아이가 자란다는 것은 하루가 다르게 자신의 생각이 자란다는 뜻이다. 자신의 생각이 클수록 하나님을 의지하는 삶은 줄어들기 마련이다. 이런 현상은 성장 과정에서 자연스런 것이라 이해한다. 그래서 가치가 상충된다. 하나님의 자녀로 키우자면 부딪혀야 하는 일들이 너무 많다. 혹 성장의 자연스러움을 방해할까 걱정되는 한편, 하나님을 깊이 알지 못하는 아이로 자라지는 않을까 더 걱정된다.

사람은 저절로 하나님의 뜻을 따라 사는 존재가 아니다. 자신의 생각이 커지고 익숙한 생각의 방식대로 사는 것이 편하다. 그런 자연스러움을 거슬러 나의 생각을 사로잡아 하나님의 뜻에 복종시키는 훈련은 어떤 면에서 본성을 거스르는 일이다.

아무리 뒤져도 나오지 않았기 때문에 음성을 듣는 것은 무의미해졌다. 묵상 노트를 찾지 못하는 것이 문제가 아니라 딸이 음성을 듣는 삶을 포기하게 될까봐 두려워서 아빠인 나는 초조해진다.

'어떻게 해야 하나?'

문득 지혜가 떠오른다. 특별한 지혜라기보다는 평상시 훈련한 내용이다.

"희락아, 이럴 때는 여기서 무엇을 배워야 할지 하나님께 물어보아야 하는 거야. 같이 하나님께 물어보자."

희락이와 같이 기도한다.

"하나님, 묵상 노트가 없어졌습니다. 이 상황에서 우리가 무엇을 배워야 할지 알게 해주옵소서."

잠깐 기다리다가 희락이와 이야기를 나눈다.

"하나님께서 뭐라고 하셔?"

"묵상 노트를 소중히 여겨야 한다는 마음을 받았어."

"그렇구나. 아빠도 그런 내용을 받았어."

꼭 음성을 듣지 않아도 알 수 있는, 그러니까 묵상 노트가 없어지면 자연스레 올라오는 마음의 내용이어서 조금 그랬지만, 나도 받은 내용이 같아서 다시 기도한다.

"하나님, 그동안 묵상 노트를 소중히 여기는 마음이 없었던 것을 회개합니다. 앞으로는 묵상 노트를 소중하게 여기겠습니다."

그날 밤에 찾지 못하고 잠자리에 들었다. 마음속으로 묵상 노트를 찾을 수 있도록 기도했다.

다음 날 아침, 희락이 목소리가 들린다.

"아빠, 묵상 노트 찾았어!"

"그래? 어디서?"

"서랍장에 옷이랑 같이 들어가 있었어요."

학교에 가는 아이를 불러서 이 일을 통하여 무엇을 배워야 하는지 같이 기도했다. 희락이는 지속적으로 하나님을 의지하는 법을 배워야 한다는 마음을 주신다고 했다.

이 글을 쓰면서 지속적으로 하나님을 의지해야 한다는 마지막 배움을 잊어버렸었다. 글을 쓰기 위해 딸에게 다시 물어보았더니 또렷하게 기억해서 말해준다.

"희락아, 그때 배웠던 것을 기억하고 있구나. 평생 잊지 말고 늘 하나님의 인도하심을 받아야 한다!"

우리는 모든 상황에서 하나님께 배워야 한다. 그런 시간을 통하여 가장 먼저 배우는 것은 나의 생각을 내려놓는 것이다. 우리는 '왜? 내 생각대로 되지 않지?' 하면서 영적 슬럼프에 빠지는 경우가 허다하다. 하나님께 묻고 순종했다고 하나 결코 포기되지 않는 나의 뜻, 심지어 나도 모르는 나의 뜻들이 슬럼프에 빠지게 한다. 그리고 내 맘대로 살게 만들고 온갖 합리화를 만들어내어 자신을 정직하게 보지 못하게 한다.

내 생각을 내려놓는 연습은 어려서부터 하는 것이 좋다. 결심만으로 되는 건 아니다. 자연스레 하나님을 의지하는 것이 몸에 배어야 한다. 성숙한 사람 치고 자기 마음대로 사는 사람은 없다.

욕심 내려놓기

내 욕심 또한 성령 하나님의 인도하심을 놓치게 만든다. 어떤 일에 대해서 우리의 판단은 지극히 민첩하게 진행된다. 순간 판단이 들어오고 나의 마음은 그 판단대로 움직이기 시작한다. 성령 하나님이 주시는 마음과 뜻을 받을 경황이 없다. 마치 브레이크 없는 자동차처럼 성령 하나님의 통제를 받지 못하고 계속 내 생각대로 움직이게 된다.

마음을 쓰는 세 종류의 사람이 있다. 자신의 생각을 하나님의 성품과 인격에 비추어서 살피는 사람, 자신의 욕심을 알고는 있지만 하나님의 뜻대로 하는 것이 귀찮은 사람, 자신의 욕심을 알지 못하고 욕심대로 판단하고 말하고 행동하는 사람이다. 성령 하나님의 인도하심을 따라 나의 관점이 변화되는 경험을 반드시 해야 한다.

교회 리더 형제가 결혼하고 아이를 낳았다. 조산(早産)이라 아이가 인큐베이터 안에 있다고 해서 병원에 찾아갔다. 병실에서 기도를 하고 밖으로 나왔다. 병원을 산책하다보니 병원 안에 교회가 있어서 기도하러 들어갔다. 바깥 날씨는 추운데 교회 안은 따뜻하다. 몇 사람이 조용히 기도하고 있다. 우리도 맨 뒤에 앉아서 아이를 위해 간절히 기도한다. 아이를 기르면서 고통이 심했던 나는 남의 아이에 대해서도 금방 고통을 느낀다. 지금도 어디서곤 아이가 울면 정서가 불안해진다. 빨리 무언가를 해야 할 것만 같은 조급함에 시달린다. 살짝 무섭기도 하고…

한참 간절하게 기도하는데 갑자기 어둡고 조용한 예배당 문이 활짝 열리고 이어 엄청난 크기의 진공청소기가 돌아가기 시작한다. 눈을 더 질끈 감는다. 그리고 소리를 크게 내어서 방언으로 기도하고 집중한다. 그러나 마음은 벌써 복잡하다.

'왜 하필, 지금이야.'

어서 청소기가 꺼지길 바라면서 기도한다. 그때 갑자기 성령 하나님이 마음을 주시는 것 같다.

'청소기 소리가 크니까 크게 기도할 수 있지 않니.'

순간 마음이 바뀌어 즐거운 마음으로 크게 기도한다. 커다란 진공청소기 소음이 아무런 문제가 되지 않는다.

세상에서는 이런 것을 두고 '플러스 사고'라고 한다. 어려운 상황에서도 좋은 면을 보고 마음을 다잡는 사람들이 부럽다. 난 결코 그런 사람이 아니다. 대학에서 철학을 전공할 때 늘 전제를 의심하라는 요구를 받았다. 뭐든지 일단 의심해야 한다는 것이었다. 예를 들어 "지구가 돈다. 그러므로 아침과 저녁이 생긴다"라는 명제가 있다고 하자. 아침과 저녁이 있으므로 지구가 돈다는 것을 의심하지 않는 사람은 철학을 잘하는 사람이 아니다. 아침과 저녁이 경험되므로 당연히 지구가 돈다고 믿는 전제를 의심해야 한다.

그것이 비판적 사고라고 배웠다. 사고를 수련하는 것이다. 더군다나 나의 경우 인생이 힘들어서 부모도 믿을 수 없었다. 부모, 형제가 나를 버리는데 누군들 나를 버리지 않겠는가.

적어도 나에게 플러스 사고는 불가능하다. 일단 낙관적인 사람이 아니다. 백번 양보해서 낙관적인 사람이라 해도 그런 인간적인 사고 내용이 마음까지 즉각적으로 평강하게 만드는 능력은 없다. 자기 위로는 얼마 가지 못하고, 현실을 변화시키는 능력이 없다.

그러나 성령 하나님은 우리 마음을 믿음으로 바꾸어놓고 현실 또한 믿음으로 변화시키는 능력을 주신다. 플러스 사고가 아니라 성령 하나님이 주시는 마음이 필요하다. 믿음은 눈에 보이지 않는 것을 믿는 것이다. 아직 현실이 아니지만 하나님이 주시는 뜻을 따라 마음을 믿음으로 정하는 것이다.

내 육신을 따른 육신의 마음이 성령 하나님께서 주시는 마음으로 바뀌는 경험을 하면 나의 마음을 살피게 된다. 자신의 마음을 살피게 된 것만도 대단한 일이다. 성령님이 주시는 마음으로 마음을 진정시키고 믿음으로 기쁘게 하나님을 기다리다가 역사를 경험하는 것보다 더 좋은 일은 없다. 욕심을 다스리게 된 것이다. 스스로도 알 것이다. 통제되지 않는 마음 때문에 자신의 삶이 힘들다는 것을.

겸손히 순종하라

은혜가 없어도 잘 사는 사람들이 있다. 무서운 사람들이다. 때로 우리는 하나님의 뜻을 잘 몰라서 내 마음대로 함으로써 불순종할 수 있다. 그냥 평소대로 또는 편리한대로 일을 처리하는 것이다. 날아가는 새 한 마리도 하나님의 뜻이 없이는 땅에 떨어지지 않는다. 성령 하나님의 인도함을 잘 받는 사람이 되자면 반드시 모든 상황에서 하나님의 뜻을 분별하고, 철저하게 인도함 받는 습관이 필요하다.

물론 우리에게 거듭난 이성이 있지만 완벽하지 못해 늘 실수하기 마련이다. 게다가 하나님의 선하신 뜻은 알면 알수록 좋은 일이므로 우리는 하나님의 뜻을 알고자 해야 한다. 주님은 구하면 주시고, 찾으면 찾게 되고, 문을 두드리면 열릴 것이라고 약속하셨다(마 7:7).

하나님의 뜻을 찾아야 한다. 사람이 약해서 하나님의 뜻을 구하는 것이 아니다. 나의 인격이 얼마나 하나님과 다른지, 내가 얼마나 하나님을 나타내야 하고 조심성 있는 삶을 살아야 하는 사람인지 알기 때문에 하나님의 뜻을 찾는 것이다.

성탄절에 명동에서 스타벅스 캔 커피를 나누는데 크리스마스 오전 예배 후에 조용하게 나누겠다고 한다. 그것도 너무 적은 분량을…. 이러한 리더들의 결정을 듣는 순간 기쁨이 싹 사라진다.

자기들 편한 대로 정했다는 마음이 올라온다. 당장 전화하지 않고 일주일 동안 고민했다.

'어떻게 말해야 하나.'

하나님의 뜻이라면서 사람들의 마음을 캐내려 하거나 나의 급한 마음으로 불을 뿜으면 안 된다. 방법은 기도하고 또 기도하는 것이다. 크리스마스 이브 저녁에 하자고 한 것은 그때의 기쁨이 느껴졌기 때문인데 아무래도 리더들에게는 행사가 된 느낌이다. 행사를 담당한 리더에게 연락을 한다. 회사 일 때문에 많이 지쳐 있는 친구에게 말하는 것이 조심스럽다. 그를 더 지치게 만들고 싶지 않고 이 일을 통하여 뭔가를 배우도록 도와야 한다.

"내가 기도했는데 나누어주는 캔 커피 수량과 시기에 대해서는 조금 더 기도가 필요한 것 같다. 내가 크리스마스 이브 저녁에 하자고 하지 않았냐?"

"아, 예. 그게 저⋯."

당황해하는 목소리를 들으며 미안했지만 말을 이었다.

"이브 저녁에 하자고 한 것은 크리스마스를 향한 인간적인 기대를 예수님을 향한 기대로 바꾸어보자는 시도인데 우리가 그때 오기 어렵다고 크리스마스 오후로 일정을 잡으면 마음이 가라앉는 것 같다. 그리고 스타벅스 캔 커피 천 개는 우리 재정 상황에서 아무 무리가 없는 액수라는 생각이 든다. 정말 하나님의 마음을 받았는지 걱정이다. 아무래도 내 생각에 이것은 무리하지 말자는 느낌이야."

내 말을 듣던 리더는 즉각 겸손하게 말한다.

"맞습니다. 그런 게 있었네요."

깊이 이해하고 무언가 깨어져나가는 시원한 느낌이 들었다. 주일에 다시 회의하기 전에 그 일에 대한 하나님의 마음을 받도록 부탁했다.

성령 하나님의 인도함을 놓치면 자신의 방식대로 자신의 열매로 일하게 된다. 불순종은 의외로 쉽게 일어난다. 나에게 편리한 대로 하면 바로 불순종하는 삶이 되는 것이다. 대단한 죄를 짓거나 우상 앞에 절하는 것만이 불순종이 아니다. 하나님의 뜻을 알고 싶어 하지 않고 내 마음대로 하는 것, 그것이 불순종이다. 쉽게 우리는 사울이 될 수 있음을 알아야 한다. 사울은 자기가 아말렉의 좋은 소와 양을 진멸하지 않고 남긴 것은 하나님을 위한 일이었다고 한다. 그 일로 그는 영원히 하나님께 버림받았다.

나의 욕심은 이렇게 하나님의 뜻에 불순종하게 한다. 어떤 사람이 은혜받고 죄를 다스리다가 다시 죄가 나타난 경우는 오랜 불순종의 과정이 있기 마련이다. 어느 날 갑자기 죄가 올라오는 것이 아니다. 그 사람이 자신이 원하는 대로 욕심을 따라 행한 일들이 있고, 그런 일이 반복되면서 점점 마음이 어두워지고 굳어져서 욕심을 통제하거나 제거할 수 없는 상태가 되어 결국은 생명이 아닌 사망이 삶에 나타나게 되는 것이다.

멈추고 은혜를 누려라

하나님이 주시는 은혜를 누릴 때가 있고 누리지 못할 때가 있다. 은혜를 누리지 못하는 것은 설교하시는 목사님이나 교회에 문제가 있는 것이 아니고 자신의 삶이 지금 하나님을 기쁘시게 하지 못하고 있는 것이다. 분명 하나님과 정직하고 진실한 관계에 문제가 생긴 것이다. 하나님께 말하지 못하고 혹은 말하기 싫어하면서 내 마음대로 행할 때 은혜는 사라지게 되어 있다. 누구 탓도 아니다. 오직 내가 내 욕심대로 했을 뿐이다.

하나님은 눈에 보이지는 않지만 그분과의 관계는 실제고 살아 있다. 마치 우리가 부모님의 마음에 합당하게 행동했을 때는 자유할 수 있지만, 부모님이 나 때문에 불편해할 때 한 집에 있는 한 쉴 수 없는 것과 마찬가지다. 밥 먹는 것도 눈치를 보게 된다. 하나님께서 나를 어떻게 생각하시는지에 늘 민감해야 한다. 예민해져서 눈치 보라는 의미가 아니다. 모든 상황에서 하나님의 얼굴을 피하지 말고 겸손하고 정직하게 가난한 마음으로 나아가면 은혜를 누릴 수 있다.

관계의 기본은 겸손한 마음과 진실한 태도이다. 하나님의 은혜를 누리고 있다면 기도는 쉽고 응답은 확실하다. 기도하거나 예배를 드리거나 말씀을 읽을 때 자신을 둘러싸고 있는 영적인 분위기를 느끼라. 은혜스럽지 않으면 즉각 하나님 앞에 가서 겸손하게 엎드려 은혜를 회복해야 한다.

은혜스러운 분위기 속에서 기도하면 하나님은 어떤 일에 대한 분위기와 마음을 주신다. 하나님께서 그 일을 어떻게 하시겠다는 마음을 받는 것이다. 즐거운 마음속에서 좋은 생각들이 떠오르게 된다. 그때 잊지 말 것은 그것은 나의 아이디어가 아니라는 사실이다.

언젠가 가수 박진영 씨가 자신이 노래를 만드는 것은 자신의 능력이 아니라고 말하는 것을 들었다. 그는 어려서 예수님을 믿었는데 한때 하나님의 존재를 부인했다고 한다. 그런데 노래를 만들 때 어떤 노래는 5분 만에도 나오고 어떤 노래는 아무리 애를 써도 되지 않는 것을 보면서 나의 능력이 아니라 신(神)이 있다는 것을 인정하게 되었단다.

우리가 조금만 하나님의 뜻을 따라 살게 되면 하나님께서 얼마나 좋은 것들을 섬세하게 주시는지 알게 된다. 우리 자신이 하나님의 마음에 합한 사람이 되었다면 우리가 하는 일들이 하나님을 기쁘시게 할 수 있다. 하나님을 기쁘시게 하는 사람이 하나님이 좋아하실 만한 일을 한다면 하나님은 그 일을 기쁘게 지지하시고 이루어주실 것이다.

나의 삶은 하나님의 뜻 안에 들어 있는가? 지금 하나님은 나를 기뻐하시는가? 이 일은 하나님이 원하시고 기뻐하시는 일인가? 이것이 중요하다. 하나님이 원하시지 않는 일은 애초에 말도 하지 말아야 한다. 말해보았자 모세처럼 관계만 서먹해진다. 모세는 가나안에 들어가고 싶다고 말했지만 하나님은 허락하시지 않으셨다(신 3:26, 27 참조).

신앙이 어릴 때 자기 마음대로 해도 하나님께서 혹 봐주신 것을 평생 우려먹는 사람들이 있다. 막무가내로 응답을 받겠다고 하다가 하나님과의 관계가 비인격적으로 진행되는 경우가 있다. 부모는 자식을 사랑하니까 기쁘게 줄 수 있고 때로 마음에 맞지 않아도 주실 수 있다. 하지만 어떤 자식이 부모를 기쁘게 하는가? 부모의 마음에 맞지 않아 관계를 깨트리면서라도 내가 원하는 것을 얻어 내겠다는 자식은 아닐 것이다. 자녀로서 우리는 아버지이신 하나님을 기쁘시게 해드려야 한다.

어떤 사람과 어떤 일을 할 때 즐겁게 이야기하면서 약속을 했다가도 조금 시간이 지나서 그것을 정중하게 바꾸는 사람들이 있다. 그런 사람을 만나면 기분이 좋아진다. 이 사람은 신뢰할 수 있다는 생각이 든다. 자신의 마음에 드는 생각대로 좋은 일을 좋은 마음으로 하고자 했으나 하나님께서 막으시면 조금 부담스럽더라도 순종하는 모습을 보이는 것이 신뢰를 준다. 사람보다도 하나님을 경외하는 모습이 더욱 보기 좋다. 그런 상황은 일방적인 약속의 파기와는 다르다. 정중하고 은혜스러우며 하나님의 간섭을 느낄 수 있기 때문이다.

항상 하나님께 묻는 사람은 신뢰할 수 있다. 사람들은 하나님의 뜻에 민감하여 하나님이 누구신지 보여주는 사람들을 기다린다. 성령의 인도하심을 따라 순종하는 삶을 살면 살수록 내가 얼마나 하나님의 뜻과 먼 사람인지 알게 된다. 그래서 위축되고 조심하게 되는 것이다. 나이가 들수록 더하다. 영향력이 커지면 더 무섭다. 사람들이 주목하고 하나님도 주목하시니까…. 영향력이 없을 때나 자유하지, 다른 사람에게 하나님에 대해서 말해주는 사람이 되면 그땐 더 이상 자기 마음대로 말하고 살 수 없다. 모든 행동과 말에 대해서 하나님 앞에서 살피는 것이 요구된다. 조금이라도 하나님의 성품과 뜻에 위배되었다면 밤새 시달리게 된다. 흔히 '눌린다'고 하는데 마음 안에서 평강이 사라지고 쉬지 못하는 상황이 계속되는 것이다. 그리고 마음속으로는 계속해서 찾게 된다.

'도대체 무엇이 하나님의 뜻에서 벗어나서 이렇게 쉬지 못하게 할까?'

예수님께서 베드로에게 네가 원치 않는 데로 끌려 다닐 것이라고 하신 말씀이 맞다(요 21:18). 내가 원하는 대로 할 수 있는 것이 없다. 하나님 앞에서나 사람 앞에서. 당당하고 멋지게 무언가를 하는 것 같아도 하나님 앞에서 생각 또 생각이다. 그런 정도의 조심성 없이는 능력 있는 사역을 할 수 없을 것이다. 멈칫거리는 일이 많아지는 것이 좋다. 전에는 내 마음대로 했지만 예수님의 제자로서 예수님의 뜻을 알아갈수록 나의 뜻이 하나님의 일에 방해가 된다는 사실을 알게 된다. 나의 생각을 신뢰하지 않고 보다 정확한 하나님의 뜻을 받기 위해 기다리고 멈칫거리는 것은 좋은 일이다.

묻고 행하기

신앙은 나의 삶의 문제 속에서 살아 계신 하나님을 경험하는 것이다. 물론 온 우주를 다스리시는 하나님을 삶의 문제가 아닌 상황에서도 경험할 수 있다.

그러나 대부분은 삶의 문제 속에서 하나님을 경험하게 된다. 정작 중요한 문제가 발생해도 그동안 맺어온 관계가 없기 때문에 어떻게 물어야 하며 어떻게 응답받는지 그 방법을 모른다. 하나님께 항상 물어보아야 한다. 나약하거나 무책임해서 하나님께 묻는 것이 아니다. 좋으신 하나님이 나의 아버지이시기 때문에 하나님의 인도함을 잘 받기 위해서 묻고 기다리는 것이다. 본래 신앙은 내가 없어지고 하나님이 커지는 경험이 아닌가.

어떻게 내가 없어지고 하나님이 내 삶을 다스리시게 되는가? 하나님께 묻고 그분의 뜻을 따라 행함으로써 그렇게 된다. 하나님께 묻고 기다린다는 것은 내 삶의 주권이 하나님께 있다는 것을 증명하는 겸손이다. 하나님께 묻는다고 해서 다 응답받고 문제가 해결되는 것은 아니다. 문제 해결과 상관없이 내가 원하는 대로 응답되지 않는다 해도 하나님을 내 삶의 주인으로 인정하기 때문에 하나님께 묻고 기다리는 것이다. 하나님께 묻는다는 것은 삶의 태도, 즉 하나님을 향한 나의 태도에 관한 문제이다.

하나님께 묻지도 않고 자기 뜻대로 욕심껏 살면서 좋은 것을 달라고 하는 건 정말 염치없다. 내 마음대로 하는 신앙이다. 응답을 얼마나 잘 받았냐고 묻고 싶은 것이 아니라 얼마나 자주 물어보고 기다렸는지 질문하고 싶다.

한번은 남양주에 있는 교회에 갔다. 5년에 걸친 제자훈련학교를 이수한 졸업생들의 첫 홈커밍데이 행사가 있었다. 교회 본당에 사람들이 가득 찼다. 제자들 모임이라서인지 서로를 알고 있어서인지 분위기가 자연스럽고 평안하다. 강의를 시작하면서 물어본다.

"제자훈련학교를 마치셨는데 이제 가정과 직장, 교회에서 제자로 살고 계십니까?"

별로 대답이 없다. 사실 몇 개월 훈련했다고 바로 가정과 직장과 교회에서 사람을 낚는 어부로 사는 것이 쉽지는 않을 것이다.

그래서 다시 질문한다.

"가정에서 제자로서 하나님께 묻고 사십니까?"

역시 대답이 없다. 분위기는 좋은데 숙제를 안 해온 듯한 느낌이다. 훈련받을 때는 하나님께 묻고 응답을 받은 적이 많지만 다시 바쁜 일상 속에서 하나님께 묻지 않고 자신의 뜻대로 살고 있는 미안함일 것이다. 하나님께 묻고 기다리는 시간을 갖고 있는 사람들은 손을 들어보라고 했더니 몇 사람 되지 않는다. 그래도 여전히 분위기는 따뜻하다. 서로에 대한 이해가 있기 때문이다. 강사로서 형제자매들의 바쁜 삶을 이해한다. 훈련생들도 하나님 앞에 머무는 삶이 가장 중요하다는 사실을 가르침과 훈련을 통해 알고 있다. 하나님의 뜻을 묻지 않고 살았다면 이제 돌이키자고 했더니 모두 일어나서 깊은 기도를 한다.

얼마나 하나님께 묻고 기다렸는지 자신을 잘 살펴볼 필요가 있다. 묻지도 않고 기다리지도 않는 사람이 응답이 없다며 불평하는 것은 온당하지 않다.

하나님의 뜻을 묻지 않는 이유

하나님의 뜻을 물어보지 않는 이유를 몇 가지 생각해볼 수 있다.

첫째는 하나님께 여쭈어보지 않는 삶의 익숙함 때문일 수 있다. 많은 그리스도인들이 믿음과 현실적인 삶의 문제들을 분리시켜 생각한다. 현실적인 삶의 문제들에 대해서도 하나님이 관심을 갖고 계신다는 사실을 간과하는 것이다. 하나님은 세상의 중요한 문제나 심각한 문제들에만 관심이 있다고 생각하고, 감히 나의 문제에 관심을 갖기 어려울 것이라고 지레짐작한다. 이러한 생각은 아주 심각한 문제가 아니면 하나님의 뜻을 묻지 않고 자신의 뜻대로 행하게 만든다. 문제는 하나님의 뜻을 묻고 기다리는 것 없이 내 뜻대로 살게 되면 묻고 응답받는 관계 자체가 없어진다는 것이다.

두 번째 이유는 하나님의 뜻에 대한 불안함이 있기 때문일 수 있다. 우리는 입으로는 하나님을 신뢰한다고 말한다. 그러나 어떤 중요한 문제에 대해서 내가 원하는 대로 결론이 나지 않으면 하나님을 신뢰하기 어려워한다. 내가 원하는 대로 되지 않고 하나님이 원하시는 대로 할까봐 염려한다.

어떤 형제나 자매가 마음에 들어서 교제하고 싶은데 하나님께 물어보고 교제하는 사람은 많지 않다. 하나님께서 교제하지 말라고 하시면 교제하지 않겠다는 마음으로 기도하고 기다리는 사람이 적다. 나의 마음이 일어나서 이미 상대가 좋은데 하나님의 뜻을 객관적으로 듣기도 어렵거니와 혹 하나님께서 아니라고 하면 문제가 복잡해지는 것이다. 무조건 교제할 수 있게 해달라고 기도하거나 일단 교제하고 하나님께 도와달라고 한다. 교제하다가 문제가 발생하면 그때 가서 하나님의 뜻이 어디 있냐고 묻곤 한다.

헤어질 때는 더욱 단호하게 자신의 뜻대로 한다.

'내 마음이 없는데 어떻게 더 교제할 수 있단 말인가?'

하나님께 묻지도 않고 헤어진다. 교제의 과정에서 하나님께 묻고 기다리고 응답을 받는 것은 하나도 없다. 물론 가끔 신실하게 하나님의 뜻을 따라 교제하는 커플도 있다(너무 오래 전이라 기억이 안 나서 그렇지).

내 마음이 안 일어나면 하나님께 물어보지도 않는다. 자신이 원하는 것을 향해서는 득달같이 달려들다가 마음이 식어지면 연기 빠지듯이 사라진다. 나의 욕심은 선명하고 하나님의 뜻은 모험적이다. 하나님의 뜻은 장래에 좋을지 몰라도 지금은 믿음을 요구하는 경우가 많기 때문이다. 믿음은 당장 나에게 확신을 주지 못하고 약속만을 준다. 일 억을 약속하시는 하나님의 뜻에 믿음을 갖기보다는 당장 내 손 안에 만 원이 더 소중한 것이 현실이다. 욕심을 포기하면 인생이 끝나는 줄 안다.

믿음의 연단을 통하여 약속이 현실이 되는 것을 기다리지 못한다. 당장 조건이 좋은 남자거나 예쁜 여자여야 한다. 장차 우리가 신실하게 행복한 삶을 살 수 있다는 믿음의 약속은 허망하다고 생각하는 것이다. 그래서 난 결혼하기 힘들었다. 아내의 가족들은 나의 미래를 불안하게 생각했다. 아내는 발령을 기다리는 예비 교사였고, 난 월급을 받지 못하는 선교단체 간사였다. 믿음의 내일은 필요 없고 오늘 당장 내 욕심을 채워줄 현실만 필요하다. 안타깝다. 믿음이 적은 사람은 바람에 나는 겨와 같다. 그 마음에 신실함이 없이 자신의 욕심을 따라 요동친다.

만약 삶의 문제가 자신의 능력을 넘어서고 절실하게 하나님의 도움이 필요하다면 우리는 하나님의 뜻을 묻고 기다릴 것이다. 하나님께 잘 묻지 않고 기다리지 않는 세 번째 이유는 삶에 절실함이 부족하기 때문이다.

차범근 감독이 기도하는 것 때문에 언론에 오르내린 적이 있다. 국가대표 감독이 기도하는 모습을 보이는 것은 종교 편향이라는 것이다. 그에 대한 차범근 감독의 답변은 자신은 절실하기 때문에 하나님께 매달린다는 것이었다. 아마도 독일에서 선수생활을 하면서 생긴 습관일 것이다.

한국이 어디 있는지도 모르는 1970년대에 동양인이 유럽 최고 리그에서 선수로 활동한다는 것은 그의 한계를 넘어서는 일이었을 것이다. 그런 상황에서 그는 진정 사람이 아닌 하나님의 도움이 필요했을 것이다. 게다가 그는 매일 승부를 겨루는 축구 선수였고 더군다나 승부를 책임지는 스트라이커였다. 그것도 용병 스트라이커. 같은 실력이면 누가 축구 변방인 동양 선수를 쓰겠는가. 그는 축구의 본고장인 유럽에서 실력으로 살아남아야 했고 매 경기 하나님의 도움이 절실했던 것이다.

만약 그가 한국에서 계속 최고의 선수로서 생활했다면 그렇게까지 절실하게 하나님께 매달리지 않았을지도 모른다. 절박한 삶의 환경은 좋은 신앙을 선물로 준다. 절실하게 하나님께 매달려본 사람은 하나님이 얼마나 친절하고 좋은 분인지 경험하게 된다. 그런 하나님이 좋아서, 그 기억을 잊지 못해서 하나님께 어떤 상황에서든지 절실하게 매달리게 된다.

나는 가끔 눈물을 흘린다. 아무도 도와줄 수 없는 삶의 환경을 보면서 하늘을 향해 운다. 절실하기도 하지만 그런 나의 상태가 안심되기도 한다. 나는 명동 거리에서 철저히 무능하다. 대학부 간사를 할 때는 청년들을 잘 돕고 세울 수 있다고 생각했지만 지난 몇 년간 그것이 쉽지 않다는 것을 알았다. 나는 무능하지만 소망은 날마다 불탄다. 그래서 더 절실하다.

힘을 빼고 마치 절실하지 않은 것처럼, 짐짓 자신 있는 것처럼 혹은 안 되어도 괜찮은 것처럼 말하지만 명동과 아시아 대도시에서 하나님께 기도하는 청년들과 나의 모습을 꿈꿀 때마다 하나님께 대한 절실함으로 불타고 있다. 그래서 하나님의 뜻이 중요하다. 하나님의 뜻이 없으면 살 수 없다. 하나님의 뜻이 아니었다면 논리적이고 차분하며 유쾌하게 설교하는 목사가 되고 싶었던 내가 명동 거리에 나오지도 않았을 것이다.

CHAPTER 5
충만 훈련 Ⅱ

은혜가 줄어드는 것을 두려워하라

다윗은 하나님을 사랑하는 사람이었다. 그는 자신이 백향목 궁에 거하고 하나님의 언약궤가 휘장 아래에 있는 것을 불편해하고 죄송하게 생각했다. 그래서 하나님을 위하여 성전을 건축하고 싶어 했다. 그런 다윗에게 선지자 나단은 이렇게 권면했다.

> 나단이 다윗에게 아뢰되 하나님이 왕과 함께 계시니 마음에 있는 바를 모두 행하소서 (대상 17:2)

다윗의 마음은 하나님을 향한 좋은 마음이었고 나단은 그것을 알고 있었다.

그러나 하나님은 그날 밤에 나단에게 임하셔서 다윗에게 성전을 짓지 말라는 말을 전하라고 하셨다. 그러면서 내가 이스라엘 자손을 애굽에서 인도해내던 날부터 어느 지파, 어느 사사(士師)에게나 백향목 집을 지으라고 명령한 적이 있느냐고 하셨다. 하나님은 다윗이 아니라 그의 아들에게 성전을 짓게 할 생각을 가지고 계셨다.

> 네 수한이 차서 네 조상들과 함께 누울 때에 **내가 네 몸에서 날 네 씨를 네 뒤에 세워 그의 나라를 견고하게 하리라 그는 내 이름을 위하여 집을 건축할 것이요** 나는 그의 나라 왕위를 영원히 견고하게 하리라 (삼하 7:12,13)

다윗은 이러한 하나님의 뜻에 대하여 완전한 겸손을 보인다. 이런 모습 때문에 다윗이 끝까지 하나님께 쓰임받은 것이 아닌가 싶다.

> 주 여호와는 주의 종을 아시오니 다윗이 다시 주께 무슨 말씀을 하오리이까 주의 말씀으로 말미암아 주의 뜻대로 이 모든 큰 일을 행하사 주의 종에게 알게 하셨나이다 (삼하 7:20,21)

다윗은 하나님을 위한 일이라도 철저히 하나님이 원하시는 대로 했다. 이는 어느 날 갑자기 생긴 게 아니라 들에서 양을 칠 때부터 생긴 습관이었을 것이다. 하나님은 다윗이 들에서 사자와 곰과 싸울 때 함께하셨다. 성전을 짓겠다는 다윗에게 하신 첫 말씀이 그런 내용이었다.

> 만군의 여호와께서 이와 같이 말씀하시기를 **내가 너를 목장 곧 양을 따르는 데에서 데려다가 내 백성 이스라엘의 주권자로 삼고** 네가 가는 모든 곳에서 내가 너와 함께 있어 네 모든 원수를 네 앞에서 멸하였은즉 땅에서 위대한 자들의 이름같이 네 이름을 위대하게 만들어주리라 (삼하 7:8,9)

다윗은 들에서 양을 치던 보잘것없는 사람이었다. 아버지는 물론 형제들도 그를 주목하지 않았다. 하나님은 그런 다윗을 주목하시고 양치기를 불러 이스라엘의 주권자를 삼으셨다. 하나님은 다윗보다 앞서 가시면서 다윗의 적들을 물리치셨다. 다윗은 중요한 순간에 하나님께 묻고 응답을 받아서 위기를 넘기곤 했다.

하나님의 인도함을 받는 삶으로 무장된 사람은 특별하지 않아도 다윗처럼 살 수 있다. 능력은 어차피 하나님께 있다. 따라서 사람의 능력이 얼마나 있는가보다는 얼마나 하나님의 인도함을 잘 받아서 하나님의 뜻대로 사는가 하는 것이 인생을 결정한다. 다윗처럼 살고 싶다면 다윗처럼 하나님의 인도함을 받아야 한다.

신기하게, 놀라운 방법으로 성령의 인도함을 구하지 마라. 날마다 순간마다 '내 욕심대로 할 것인가 성령의 뜻대로 할 것인가' 하는 싸움 속에서 인도함을 받는 것이다. 내 욕심대로 무언가를 행하여 일이 잘못되고 회개하는 것은 쉬운 일일 수 있다. 조금 어려운 것은 내 욕심대로 했는데 그것이 무슨 문제를 일으키는지 잘 모르는 경우이다.

그래서 은혜가 줄어드는 상황을 두려워해야 한다. 민감하게 깨어서 하나님이 주시는 은혜가 전과 같지 않으면 무엇이 문제인지 반드시 찾아내야 한다. 은혜가 줄었다는 것은 나의 삶을 향한 하나님의 지지와 격려가 줄었다는 것일 수 있다. 무엇 때문에 하나님의 지지가 줄었는지 나의 삶을 뒤져서 찾아내야 한다.

토레이 목사님은 《성령세례 받는 법》에서 성령으로 충만해지고 싶은데 잘 안 되는 경우, 회개가 필요하다고 말한다. 무엇을 회개해야 할지 잘 모르겠다면 하나님 앞에 머물면서 자신이 어떻게 불순종했는지 알아야 한다는 것이다. 하나님의 뜻을 알면서도 내 마음대로 하는 것은 있을 수 없다. 그것이 얼마나 자신을 파괴하는지 잘 모르기 때문에 그렇게 한다. 자기를 파괴할 뿐만 아니라 하나님과의 은혜스럽고 친밀한 관계가 파괴된다.

주시는 마음 없이 움직이지 마라

교회의 초청을 받아 가서 설교 전에 밥 먹는 시간이 제일 힘들다. 일단 설교자를 살피는 시간이다. '저 사람이 누구인가, 신학은 어디서 했는가' 등을 자세히 묻고 '우리 교회는 이렇게 해줘야 한다'는 말을 듣기도 한다. 그렇다고 환영하는 분위기가 좋은 것도 아니다. 강사에 대한 지나친 기대감은 부담감을 키울 뿐이다. 설교하기 가장 어려운 곳은 하나됨이 깨어진 곳과 인간적인 기대가 넘치는 곳이다. 성도들의 섬김에 대해 축복해주어야 하고 필요를 들어주어야 한다. 그것은 고통이다.

더 큰 고통은 하나님의 마음을 받는 데 그런 시간들이 치명적이라는 것이다. 설교는 설교자가 하는 것이 아니다. 아무리 좋은 설교를 준비했어도 하나님께서 설교자와 회중을 불쌍히 여겨주시지 않으면 은혜는 없다. 하나님께서 지금 이 자리에서 무엇을 어떻게 하시고 싶은지 마음을 받아야 한다.

그런데 그런 일은 미리 정확하게 일어나지 않는다. 예배당에 도착해서 조용히 기도하는 시간을 지나 회중과 함께 예배드리면서 최종적으로 마음이 확정된다. 가기 전에 미리 마음을 받고 행복한 경우도 있다. 그럴 때는 결과도 행복하다. 그러나 대부분은 그렇지 못하다. 교회에 가서 회중들과 함께 있어야 하나님의 마음이 부어진다. 그렇게 마음을 받아야 하는 시간에 밥을 먹어야 하다니….

설교 한 번으로 대단한 일을 일으키고자 하는 것이 아니다. 단 한 번을 설교하더라도 하나님이 주시는 마음을 받아서 은혜를 경험하고 싶기 때문이다.

신촌에 있는 교회 청년부 수련회를 갔다. 가기 전부터 마음이 좋지 않다. 아는 동생이 친한 전도사님의 부탁이라고 해서 가기로 했다. 마음이 많이 시달리고 힘들다. 나의 삶은 지극히 평안한데 전쟁이 있다는 것은 말씀을 듣는 이들의 마음이 준비되지 않아서인 것 같다. 수련회 장소에 도착해서 말씀을 전하기 전에 밖에서 잠깐 심호흡을 한다. 알 수 없는 짜증이 폭발하기 직전이지만 심호흡을 크게 하고 조용히 그러나 단호하게 외친다.

"나는 기뻐하기로 결정한다!"

들어가보니 청년들과 전도사님의 관계가 좋지 않아 보인다. 언젠가 후배가 "형이 왜 그렇게 설교 전에 시달리는 줄 아느냐"라고 물었다. 모르겠다고 했더니 후배가 이렇게 말했다.

"교회가 어려울 때 한 방을 기대하고 형을 부르기 때문이야."

하기야 분위기 좋은데 왜 외부 강사를 부르겠는가. 그것도 청년부에서.

훈련되지 않은 청년들은 자신이 주도적으로 일을 하고 싶어한다. 훈련되지 않은 전도사는 자신이 주도적으로 자신의 사역을 하고 싶어한다. 보통은 청년들이 이긴다. 청년들에게 교회가 자신의 고향이라면 사역자는 곧 떠날 사람이기 때문이다. 게다가 청년들 뒤에는 보통 힘 있는 장로님과 권사님들이 계시기 마련이다.

한 시간 내내 즐겁게 설교하고 아이들이 웃고 즐거워하면서 은혜를 받는다. 마지막 기도 시간에 한마디 한다.

"권위에 순종해라. 성장하고 싶으면 권위에 순종해야 한다."

청년들이 자연스럽게 회개하고 깊이 기도한다. 나는 어서 그 자리를 떠나고 싶다.

'아, 정말 힘들었다. 빨리 이곳을 벗어나야 한다.'

수련회 장소인 산속에서 한참을 걸어 도로까지 나왔을 때 담당 전도사님으로부터 문자가 왔다.

"은혜가 컸습니다. 보고 싶습니다."

나는 별로 보고 싶지 않다. 고통스런 사역은 사람을 위축되게 하고 피하고 싶게 한다. 그런 상황에서 조금이라도 하나님이 주시는 마음을 받지 못하면 그날은 죽음과 같은 패배감을 맛본다. 하나님께서 그 일에 대해서 기뻐하시는지 염려하시는지 느낄 수 있어야 한다. 평강이 없는 일, 하나님께서 흔쾌히 밀어주시지 않는 일은 조심해야 한다. 반드시 나에게 올무가 되기 때문이다. 하나님의 뜻을 기다리는 사람, 자주 물어 보고 오래 기다리는 사람은 잘 알게 된다. 한두 번 묻고는 자신 마음대로 하는 사람은 하나님을 시험하는 사람이 아닐까 싶다.

진정으로 하나님의 뜻에 순종하고자 하는 사람은 하나님이 주시는 마음을 받을 수 있다. 기도하면 빠른 시간에 하나님의 뜻을 마음으로 느낄 수 있다. 조금이라도 하나님께서 불편해하시는 것 같으면 해서는 안 된다. 하나님이 주시는 마음을 받아야 한다. 하나님께서 주시는 마음이 없으면 원수의 공격에 노출된 마음으로 관계를 맺고 일을 하게 된다. 모든 상황에서 하나님이 주시는 마음을 받는 것이 좋다. 자신의 마음을 살펴보면 알 수 있을 것이다. 나라는 사람이 얼마나 위축되기 쉽고 오해하기 쉬우며 욕심대로 하기 쉬운지.

끝까지 깨어 있으라

깨어 있다는 것은 생활의 염려를 비롯해 무엇에든 붙잡혀서 마음이 둔해지지 않고, 성령 하나님의 뜻과 인도하심에 대해 마음이 민감하다는 것이다. 마음이 깨어 있는 한 하나님께서 그 일에 대하여 어떻게 생각하시는지 분위기를 금방 알 수 있다. 일의 진행 과정에서도 하나님은 계속해서 그분이 기뻐하시는 쪽으로 인도해 주신다. 처음에 좋은 분위기를 가지고 하나님이 주시는 마음으로 출발했어도 중간에 무언가 문제가 생기면 다시 하나님께 묻고 기다려야 한다.

한번은 뷔페 음식점에서 전도를 하기로 했다. 꼭 비싼 뷔페에서 전도를 하는 것이 좋은가 싶었지만 하나님의 좋은 마음을 받았다. 삶에 지치고 힘든 이웃들에게 최고의 식사를 베풀고 싶어 하시는 예수님의 마음을 받은 것이다.

전도 행사로 치르지 않기로 서로 다짐했다. 사람들에게 대접하는 식사가 대가를 요구한다는 느낌을 주고 싶지 않았다. 그것은 하나님을 오해하게 하는 일이며 우리도 지치는 일이다. 생색이나 내고 그 대가로 교회 나오라고 그 많은 돈을 쓴단 말인가.

삶이 힘든 사람들이 예수님의 성품과 섬김의 능력을 경험할 수 있다면, 우리가 경험한 좋으신 예수님을 경험할 수 있다면, 위로부터 부어지는 하나님의 은혜를 경험할 수 있다면 충분히 가치 있는 일이었다. 우리는 그 마음과 분위기를 받은 것이었다.

그러나 막상 일을 진행하다보니 제대로 되지 않았다. 자신이 초청할 사람들의 상황을 교회 게시판에 올리는 걸 보고 금방 알 수 있었다. 내가 불러올 수 있는 사람 불러다 그냥 밥 먹는 일이 되고 있었다. 기쁘고 행복하고 흥분된 마음이 사라지면 문제라고 느꼈다. 고민에 고민을 거듭했다. 하나님은 아시겠지만 사람은 알 수 없으니 답답할 노릇이다.

그래도 열심히 찾으면 반드시 알게 된다. 하나님의 뜻을 이루겠다고 열심인데 하나님께서 가만 계실 리가 없으니까.

자매 리더 한 명이 게시판에 글을 올렸다. 회개의 글이다. 김포에 사는 어려운 친구가 있는데 자기 생각에 불러도 오지 않을 것 같고 온다 해도 어린 자녀들을 데리고 오기에는 너무 먼 길이라 아예 초대하지 않았다고 한다. 그래도 사람은 데리고 와야 할 것 같아서 금방 올 수 있는 친구에게 부탁하여 오게 했단다. 그런데 애초부터 마음에 두었던 김포에 사는 친구를 향한 부담감을 떨치지 못해 전화를 했고, 그 친구가 아주 쉽게 오겠다고 했다는 것이다. 예수님이 주인이신 잔치에 예수님이 초대한 사람이 아니라 내가 데려오기 편한 사람을 초대하려 했던 것을 회개하는 글이었다. 이것이 우리의 문제임을 금방 알 수 있었다. 모든 리더들과 함께 마음을 새롭게 했다.

"이 잔치는 예수님이 주인이시다. 우리는 무익한 종이다. 우리가 사람을 데려와서는 안 된다. 주인이신 예수님이 초청한 사람을 찾아서 데려와야 한다."

다시 기쁨이 회복되고 일은 일사천리로 진행되었다. 김포에 사는 분은 교회에서 차를 대절해 모셔오도록 했다. 그 비용이 꽤 들었지만 재정의 주인도 예수님이신데 우리가 무어라고 걱정하겠는가. 예수님께서 위로하고 싶은 분들을 섬겼다면 그것으로 족하다.

60여 명의 사람들이 모여서 따로 또 같이 식사를 하는데 은혜가 넘쳤다. 하나님께서 기뻐하심을 느낄 수 있었다. 말하지 않았는데도 오신 모든 분들이 교회가 주최한 자리임을 알았다. 또 가실 때 어떻게 아셨는지 나에게 와서 고맙다고 인사한 것을 보면 목사가 누구인지도 이미 간파했던 모양이다.

'예수님을, 교회를 깊이 알아주세요.'

우리의 마음은 겸손하고 간절하다. 하나님이 주시는 마음으로 일을 시작했고, 중간에 내 마음으로 하나님의 뜻을 왜곡시키지 않았다면, 만약 왜곡시켰어도 돌이켰다면 결과는 항상 하나님께서 영광을 받으신다.

그동안의 경험을 미루어 짐작하건대 모든 진행 과정에 하나님이 간섭하시고 역사하셨다면 일의 결과는 몇 가지 특징을 갖게 된다는 것을 알게 되었다.

먼저 그 일을 하는 사람들이 깊이 하나되어 하나님을 경험하게 된다. 모든 상황에서 하나님의 보호하심이 있고 신이 나서 일을 한다. 조금 힘든 일이 있어도 관계가 깨지지 않는다. 일을 통하여 더 깊이 서로 하나되고 하나님의 성품을 경험하는 것이다.

또한 하나님이 그 일을 기뻐하실 때는 자부심으로 충만하다. 그것은 내가 옳은 일을 하고 있다는 자부심과는 약간 다르다. 부모의 사랑과 지지를 충분히 받는 아이가 밖에 나가서 웬만한 일에는 기죽지 않는 것과 비슷하다. 위로부터 부어지는 자신감이 있다. 마지막으로 일을 많이 해도 지치지 않는다. 뒤풀이나 보상이 없어도 즐겁게 헤어질 수 있다. 하나님과 나만 아는 비밀, 세상이 모르는 기쁨. 그걸로 충분하다는 생각이 든다.

작은 부담이라도 순종하라

가끔 누가 깨운 것처럼 새벽에 일어날 때가 있다. 그런 때면 마음에 선한 부담감이 생긴다. 새벽예배에 가야 한다는 부담감이다. 선한 부담감과 아울러 가기 싫은 마음이 동시에 일어난다. 일어나서 화장실에 다녀오면 마음이 바뀐다. 나가기 싫어진다. 이불을 고쳐 덮고 깊은 잠에 빠진다. 아침에 일어나면 약간 마음에 걸리지만 그리 힘들지는 않다. 이런 일들이 새벽예배에만 국한되는 것은 아니다. 신앙생활의 거의 모든 상황에서 일어난다.

순종하지 않으면 곧 벌을 받을 것 같은 두려움이 아니고, 약간 부담스러운 마음이 드는데 쉽게 순종하기 어려운 일들이 내면에서 발생하는 것이다. 나의 육신을 거스르고 하나님의 뜻일 수 있는 선한 부담감에 대해서 주의 깊은 순종을 해야 한다.

하나님께서 싫어하시는 일들을 즉각 중단해야 계속 성령 하나님의 인도함을 받을 수 있다. 아울러 하나님이 원하시는 일들에 즉각 순종해야 성령 하나님의 인도함을 받을 수 있다. 성령 하나님의 인도함을 놓치고, 성령의 열매가 없는 삶을 살게 되는 데는 작은 불순종이 큰 영향을 미친다. 다윗 같은 큰 죄를 짓거나 사울

같은 불순종을 할 수 있는 삶은 흔하지 않다. 하나님은 삶의 사소한 영역에서 자기 뜻을 보이신다.

한번은 명동 입구에서 어떤 분이 껌을 팔고 계시는 걸 보고 하나 사야 한다는 작은 부담감이 올라왔다. 마음 안에서 순간 갈등이 일어난다. 무엇보다 갑자기 껌을 사기 위해 몸을 틀어서 다가간다는 것이 조금 쑥스럽다. 그러는 사이 사람들에게 밀리다시피 해서 지나가고 말았다. 자꾸 뒤통수가 가렵고 마음은 무겁다. 무언가 불순종했다는 느낌이 든다.

나의 양심의 부담과 자책이라고 말할 수도 있다. 그러나 나의 내면을 곰곰이 살펴보건대 나의 양심은 이렇게까지 강제력이 없다. 이런 정도의 부담스러운 강제력은 나의 인격이 결코 아니다. 나는 누군가를 동정하는 사람이 아니다. 기본적으로 까칠하다. 약하고 싶지 않다는 강한 방어를 하는 것이 나다. 그러한 방어는 약한 사람들을 향한 친절한 도움 대신 그 상황을 피하고 도망가고 싶게 만든다. 그러나 나의 내면에 드는 부담감은 모든 작은 것들, 약한 것들을 사랑해야 한다는 것이다. 하나님의 인격이다.

다음 날 가족들과 함께 명동에 나오게 되었다. 이번에는 결심을 하고 서서히 딸과 함께 그 앞을 지나갔다. 조용히 몸을 숙여 천 원을 내고 껌을 한 통 들었다. 조금 있다 딸이 묻는다.

"왜 껌을 사?"

"응, 돕고 싶어서."

"그런데 왜 천 원을 주고 거스름돈을 받지 않아?"

"남은 돈은 헌금하는 거야."

"아빠 대단한데? 그런데 왜 전에는 사지 않았어?"

"그때는 기회를 놓쳤어."

"그렇구나. 그런데 왜 풍선껌을 사지 않았어?"

"…!"

삶의 사소한 영역에서 하나님의 인도하심을 받지 못하고 있다면, 매일의 삶 속에서 신선한 하나님의 명령이 오지 않는다면 하나님과의 관계에 문제가 있는 것이다. 하나님은 나의 삶 속에서 살아 계시고 명령하시면서 우리로 하여금 하나님의 성품을 경험하게 하신다. 삶이 건조한 것은 하나님의 성품이 나타나지 않기 때문이다. 왜 그런가? 마음에 드는 선한 부담감을 무시했기 때문이다.

마음 안에 드는 작은 부담감을 무시하지 말아야 한다. 그런 부담감은 큰일이 아니기 때문에 그리고 쉽게 순종하기에는 내 삶이 아직 따르지 않기 때문에 무시할 수 있다. 불순종은 인도하심을 놓치게 만든다. 마음 안에 작고 선한 부담감이 일어난다면 즉시 그 내용을 마음의 중심으로 옮겨서 순종해야 하는지 정직하게 하나님께 묻고, 순종해야 한다면 즉각 순종해야 한다.

하나님과 친밀한 사람들과 그렇지 않은 사람들의 차이는 '삶 속에서 하나님의 성품과 인격을 따른 명령이 있는가'에 있다. 순종하는 사람들은 서로를 알아볼 수 있다. 써서 붙이고 다니지는 않지만 그의 주인이 누구인지, 그가 하나님의 종으로 하나님을 섬기고 있는지, 자신을 종이라고 생각하는지 주인이라고 생각하는지 느껴지기 때문이다. 하나님의 종이 아닌 사람들, 섬세한 순종이 없는 사람들, 자신의 인생과 일에 있어서 자신이 주인인 사람들과 함께 있는 것은 정말 고통스러운 일이다. 같이 있기만 해도 기분이 나빠진다.

그 사람이 누구며, 어떤 배경을 가졌든지 그의 주인이 하나님인 사람은 보기만 해도 알 수 있고, 말이 통하며 같이 있고 싶어진다. 자기 마음대로 할 수 없는 어떤 순종이 삶에 전반적으로 배어 있다. 약간 슬프고, 깊은 포기가 있으며, 순종에 대한 절대적 헌신이 있고, 세상에 대해 자유로운 사람.

마음의 찔림을 무시하지 마라

사람의 마음은 성령 하나님의 뜻이라는 거울이 있어야 욕심을 분별하고 알게 된다. 그러고도 은혜를 많이, 한참을 받아야 비로소 민감하게 찔리게 된다. 다윗은 사울의 옷자락을 베고 나서 마음이 찔렸다고 한다.

다윗의 사람들이 이르되 보소서 여호와께서 당신에게 이르시기를 내가 원수를 네 손에 넘기리니 네 생각에 좋은 대로 그에게 행하라 하시더니 이것이 그 날이니이다 하니 **다윗이 일어나서 사울의 겉옷 자락을 가만히 베니라 그리 한 후에 사울의 옷자락 벰으로 말미암아 다윗의 마음이 찔려** 자기 사람들에게 이르되 내가 손을 들어 여호와의 기름부음을 받은 내 주를 치는 것은 여호와께서 금하시는 것이니 그는 여호와의 기름부음을 받은 자가 됨이니라 하고 다윗이 이 말로 자기 사람들을 금하여 사울을 해하지 못하게 하니라 사울이 일어나 굴에서 나가 자기 길을 가니라 (삼상 24:4-7)

다윗의 사람들은 하나님께서 사울을 자신들에게 넘겨주셨다고 생각했다. 그럴듯하게 하나님의 뜻인 양 말했지만 그들은 어서 사울을 죽이고 이 어려움을 끝내고자 하는 마음이 있었을 것이다. 그들은 사울에게 쫓겨다니고 있었으며 사울이 죽으면 그들은 곧바로 나라를 다스리는 왕후장상(王侯將相)이 될 것이었다.

그러나 다윗은 사울의 옷자락만 베고도 마음이 찔렸다. 왜냐하면 그는 하나님께서 기름부으셔서 세운 왕을 해하는 것이 하나님의 뜻이 아님을 잘 알고 있었기 때문이다.

사울을 어서 죽이고 싶은 사람들과 옷자락만 베고도 마음이 찔린 사람의 차이는 '그 마음에 하나님의 뜻이 살아 있는가'에 있다. 다윗을 주목해서는 안 된다. 다윗도 우리야를 죽이고 그의 아내 밧세바를 빼앗을 때는 아무런 가책도 느끼지 않고 그 일을 실행하기 때문이다. 하나님의 뜻이 마음 안에 살아 있는 사람은 누구나 옷자락을 베고도 찔려 하는 다윗이고 자신의 욕심이 마음을 붙잡은 사람은 누구나 우리야를 죽인 다윗이기 때문이다.

하나님의 뜻을 벗어날 때 생겨나는 마음의 찔림을 무시하지 마라. 우리는 얼마나 많이 마음의 찔림을 가볍게 무시하는지 모른다. 예수님을 믿는 사람이라면 양심뿐 아니라 성령 하나님께서 보내시는 뜻을 거스르고 있지 않은지 자신의 마음을 살펴야 한다. 만약 조금이라도 마음이 찔린다면 즉시 일을 중단해야 한다. 그리고 하나님 앞에 가서 자신의 마음을 점검해야 한다.

연애할 때 아내와 나는 가난했다. 서울에 처음 올라왔을 때 아내는 친구 집에 며칠 머물다가 나중에는 아파트에서 하는 어린이집에서 일하면서 저녁에는 그곳에서 잤다. 주일이 되면 우리는 동부이촌동에 있는 교회에 가서 예배를 드렸다. 교회에서 파는 점심값이 1500원이었다. 추운 마음과 삶을 예배와 밥이 위로해주고 있었다. 어느 주일인가 우리는 차비 말고는 돈이 없었다. 이촌역에서 내려서 교회로 걸어가는 길에 돈이 떨어져 있는 것을 보았다. 아내가 정말 빠르게 주웠다. 삼천 원이었다.

'아, 이것은 하나님이 주신 것이다.'

우리는 감격했다. 그러나 곧바로 마음에 찔림이 있었다.

'이것이 정말 하나님이 주신 것인가?'

우리는 가로수 옆에서 이 돈이 우리 점심 값으로 주신 것이 맞는지 하나님께 여쭈어보았다. 별 응답이 없었다. 다만 이 돈은 우리 주머니에서 나온 것이 아니라는 생각만 들었다. 결국 조용히 가로수 밑에 놓아두고 교회로 갔다. 눈앞에서 따뜻한 밥이 멀어지고 있었지만 하나님은 보고 계셨을 것이다.

최근에 아내가 모자를 선물해주었다. 언제부터인지 몰라도 겨울에 모자를 쓰지 않으면 머리가 너무 시렵다. 모자는 추위로 부터 머리를 보호할 뿐만 아니라 마음에도 안정감을 주었다(내복을 입는 것은 아직 버티고 있지만 모자를 쓰는 것은 어쩔 수 없다. 마음에 미치는 추위의 영향력이 너무 다르기 때문이다). 문제는 모자를 쓰면 사람들이 반드시 한 번씩 쳐다보고 간다는 것이다. 내가 봐도 모자를 쓰면 확실히 인상이 험해 보인다. 덩치가 산만한 남자가 모자까지 쓰고 심각한 표정으로 걸어가면 특히 자매들이 슬금슬금 피하는 것이 느껴진다.

그런데 아내가 사준 모자는 그런 고민을 일거에 해결하고도 남는 '나이키' 모자였다. 평생 나에게 나이키는 없었다. 중학교 2학년 때부터 교복 자율화가 시작되면서 다양한 신발들이 등장했는데 그중에서도 최고는 단연 나이키였다. 하지만 나는 마흔이 넘도록 나이키 로고가 붙은 물건을 사본 적이 없었다. '나이스' 같은 것은 몰라도.

처음으로 산 나이키 모자는 신기하고 놀라웠다. 일단 착용감이 부드럽고 머리 모양이 크게 상하지 않으면서도 따뜻하다. 아무렇게나 구겨 넣어도 그 중후함을 잃지 않으며, 무엇보다 국가대표 축구 선수들이 쓰는 모자다. 앞에는 나이키 로고, 뒤에는 이탈리아 최강 프로축구팀인 인터밀란 로고가 박혀 있다. 최고다. 모자를 잘 쓰고 다녔다. 덤으로 사람들이 피하는 것도 현저히 줄어들었다. 그렇게 한동안 나이키 모자는 나를 행복하게 해주었다.

강의하러 갔다가 근처에 사는 바로 위의 형을 만났다. 빵도 사고 재정도 준비해서 형을 만났는데 하나님께서 모자를 주라는 마음을 주신다. 아깝다. 느낌에 이 모자를 주면 다시는 이런 모자를 살 수 없을 것 같은 불안감이 든다.

'더구나 이 모자는 아내가 선물해준 것인데…'

그래도 순종해야 한다. 조기 축구를 좋아하는 형에게 모자를 선물했다. 돌아오는 길, 허전한 마음과 시원한 머리…. 하나님은 내게 나이키 모자를 쓰지 말라고 하신다. 브랜드 제품을 신경 쓰는 모습이 좋지 못하다고 하시는 것 같다.

모자를 형에게 선물한 후로도 나는 한참 동안 많은 매장을 뒤지면서 그와 유사한 모자가 있는지 찾아보았다. 기록적인 추위 때문인지 몰라도 모자는 없었고 간혹 있어도 마음에 들지 않고 비싸기만 했다. 아내와 아이들에게 하나님께서 나이키 모자를 쓰지 말라고 하신 것 같다고 말했다. 나중에 가족들과 식사하러 갔다가 처음 모자를 샀던 매장에 가서 혹시 모자가 있냐고 물어보았다. 옆에서 지켜보던 딸이 조용히 말한다.

"아빠!"

"왜?"

"하나님이 나이키 모자 쓰지 말라고 하셨다며?"

"응, 그냥 한번 보는 거야."

딸이 눈을 동그랗게 뜨고 말한다.

"하나님이 하지 말라고 하셨으면 하지 말아야지!"

"응, 알았어…."

하나님께 순종하지 않아서 아빠가 힘들어지면 안 되니까 자기가 지켜야 한단다. 딸에게 감시받는 아빠라니…. 여자는 무섭다. 아빠가 어려워지면 자신도 어려워진다는 것을 아는 것 같다. 좌우간 순종해야 한다. 그 후로 나는 나이키 매장을 살피는 일을 완전히 그만두었다.

긴 겨울이 끝나갈 무렵인 2011년 2월 마지막 날에 광염교회 청년들에게 말씀을 전하러 갔다. 좋은 공동체에 가서 말씀을 전한다는 것은 즐거운 일이다. 그동안 사역자들이 좋은 밭으로 일구어

놓았기 때문에 조금만 은혜가 있어도 풍성한 시간이 된다. 끝나고 나오는데 청년 몇 명이 도봉산역에서부터 용인 우리 집까지 데려다주겠다는 것을 겨우 말려 결국 두 지점의 중간까지만 데려다주기로 했다. 차 안에서 즐겁게 신앙에 대해서 이야기하고 내리려는데 선물을 건넨다. 열어보니 청년들이 정성스레 준비한 쿠키와 나이키 로고가 선명한 모자다. 사실 이런 일을 한두 번 겪는 것이 아니다. 내 마음대로 하고 싶은 것을 참고, 잘 몰라도 순종했을 때 오는 '하나님의 베푸심'에 깜짝 놀란 경험들 말이다.

코스타 강의 때문에 외국에 가게 되었다. 자비량으로 강의하는 것이라서 재정이 쉽지 않다. 그래도 하나님은 늘 은혜를 베풀어 주신다. 후원받은 재정과 나의 재정을 합쳐서 아시아나 항공을 탈 때가 있다. 일단 기내식이 비빔밥 같은 먹을 만한 게 나오고 말이 통해서 부탁을 자연스럽게 할 수 있다. 인천공항에서 시간이 남아 아는 형을 따라 회원 라운지에 간 적이 있다. 그곳은 정말 놀라운 세상이었다. 각종 컵라면과 빵과 커피를 자유롭게 먹을 수 있었다.

'아! 나도 회원 등급을 올리고 싶다.'

그러나 하나님은 반대하신다. 그 후로 주로 싼 비행기를 번갈아 타다보니 등급 올리기가 아무래도 쉽지 않다. 어쨌거나 순종해야 한다. 그리고 알아야 한다. 하나님께서 간섭하시는 이유를.

성령 안에서 기도하라

성경은 성령 안에서 기도하라고 말씀하신다.

사랑하는 자들아 너희는 너희의 지극히 거룩한 믿음 위에 자신을 세우며 **성령으로 기도하며** (유 1:20)

모든 기도와 간구를 하되 **항상 성령 안에서 기도하고** 이를 위하여 깨어 구하기를 항상 힘쓰며 여러 성도를 위하여 구하라 (엡 6:18)

아브라함이 간절히 기도했지만 소돔과 고모라의 멸망을 막지 못했다. 그 성(城)에 하나님을 아는 의인이 없었기 때문이다. 성령 안에서 기도한다는 것은 먼저 삶이 성령의 뜻 안에 있다는 의미일 것이다. 성령 하나님의 인도함을 놓치고 내 마음대로 사는데 어찌 기도가 성령의 뜻 안에서 될 것인가? 기도가 안 될 때 평소에 오던 은혜가 오지 않는다고 생각하지 말고 겸손하게 성령 하나님 앞에서 무엇이 문제인지 자신의 삶을 돌아보아야 한다.

성령 하나님 앞에서 자신을 돌아보지 않는 사람들은 정말 무섭다. 우리가 살면서 얼마나 나의 뜻대로 행하는 것이 많겠는가. 그런데도 나를 살펴서 아시는 하나님 앞에서 자신을 돌아보지 않고 마음과 행동을 수정하지 않는다면 그 사람은 백약이 무효다. 성령 하나님과 동행함이 없는 삶인 것이다. 그의 말과 행동에는 은혜가 없다.

성령 하나님과의 관계가 모든 신앙생활을 결정한다. 은혜가 없는 데는 이유가 있기 마련이다. 하나님이 은혜를 주시지 않았다고 말하면 안 된다. 삶이 하나님과 떨어져 자기 마음대로 가고 있어서임을 알아야 한다. 성령의 뜻 안에 살면 성령의 은혜 안에 거하게 되고 그 은혜 속에서 자연스런 기도가 가능하다. 기도가 되지 않는 것은 자신이 성령의 뜻을 거스르고 있을 가망이 높다. 좋은 관계에서 좋은 대화가 가능하다. 기도는 갑작스럽게 튀어나오는 것이 아니다. 자신의 소원을 이루기 위해서 주문을 외우는 것도 아니다. 모든 신앙생활이 다 그렇지만 특별히 기도는 살아 계신 하나님과의 친밀한 관계 속에서 인격적인 교제와 대화를 하는 것이다.

성령 안에서 기도하기 위하여 몇 가지를 염두에 두어야 한다. 평소 삶 속에서 성령 하나님의 뜻을 알고자 하고 순종해야 한다. 성령 하나님께 순종하는 삶을 살면 은혜가 회복되고 은혜 안에 살게 된다. 은혜가 있을 때 기도나 묵상이 자연스럽고 풍성하게 된다. 그래서 항상 순종을 점검해야 한다. 선한 일이기는 한데 성령 하나님의 뜻을 알지 못하고 나의 의로움으로 하는 불순종이 있을 수 있다. 좋은 것도 성령 하나님이 마음을 주셔서 하는 것이 좋다.

물론 선교하고 구제하는 것처럼 성경에서 일반적으로 명령하고 있는 것도 있다. 이러한 일반 명령들은 자연스럽게 순종하면 된다. 아울러 내 삶의 중요하거나 혹은 사소한 선택의 순간에 성령 하나님이 주신 마음과 방법으로 하면 그 모든 동기와 과정이 하나님의 뜻 안에 있게 되고 결과도 하나님께 영광을 돌리게 된다. 좋은 일이라도 혹 나의 의로움으로 하면 하나님은 싫어하신다. 사람의 의로움은 하나님께 대한 불순종이다. 가장 중요한 하나님의 명령이 하나님께 영광을 돌리라는 것이어서 그렇다. 선한 일도 나의 의로움으로 하면 안 되는데 하물며 나의 욕심을 따라 하는 일들이 근심거리가 될 가망이 얼마나 높은가.

가끔 성도들이 물어올 때가 있다.

"주식 투자를 해야 할까요? 하지 말아야 할까요?"

대답은 간단하다. 경건에 도움이 되면 하고 도움이 되지 않으면 하지 말라는 것이다. 모든 일에 하나님을 우선으로 생각하고 하나님과의 관계를 최우선으로 생각한다면 자유할 수 있다. 하나님의 깊은 도움도 받을 수 있다. 조금이라도 하나님과의 관계에 도움이 되지 않는다면 하지 말아야 한다.

자신의 삶을 잘 살펴볼 필요가 있다. 나의 욕심을 따라 살고 있는지, 하나님을 기쁘시게 하기 위해 살고 있는지. 나의 삶은 나를 기쁘게 하는지, 하나님을 기쁘시게 하는지. 삶 속에 하나님을 기쁘시게 하는 것이 없는 사람은 하나님과 친밀함을 누릴 생각을 하지 말아야 한다. 자기 마음대로 살면서 도움은 받고 축복도 누리고 싶은 마음은 도둑놈 심보다. 악하다. 성령 하나님이 원하시는 대로 순종하면 늘 성령 안에서 기도할 수 있다.

열매를 보여라

성령으로 충만한 사람에게서는 사랑이 흘러온다. 조건 없는 사랑이다. 그 사람과 같이 있으면 행복하다. 안심이 된다. 자신의 이익을 구하지 않고 하나님과 다른 사람의 이익을 구하기 때문이다.

FULLNESS

오직 성령의 열매는 사랑과 희락과 화평과 오래 참음과 자비와 양선과 충성과 온유와 절제니 이같은 것을 금지할 법이 없느니라 갈 5:22,23

CHAPTER 6
핵심 문제의 해결

쓰임받는 사람의 특징

사무엘은 그의 어머니 한나가 기도로 낳은 아들이다. 자식이 없어서 무시당하는 원통함을 이기지 못하고 엘리 제사장이 술 취한 것으로 오해할 만큼 격렬한 기도 끝에 응답으로 낳은 아들인 것이다. 기도가 응답되기 전에 하나님께 약속한 대로 한나는 어린 사무엘을 하나님께 드렸다. 사무엘은 하나님 앞에서 자란다.

하나님은 사람을 기르시고 그의 뜻을 따라 사용하신다. 사무엘을 통해 하나님 앞에 쓰임받는 사람의 특징을 몇 가지 살펴볼 수 있다.

첫째로 그는 오직 하나님의 뜻을 따라 사는 사람이 되어야 한다.

엘리 제사장의 아들들이 하나님을 멸시하여 하나님은 그들을 죽이기로 작정하셨다. 그것은 희생 제물이나 곡식 제물로도 속죄받지 못하는 하나님의 무서운 맹세였다.

> 그러므로 내가 엘리의 집에 대하여 맹세하기를 엘리 집의 죄악은 제물로나 예물로나 영원히 속죄함을 받지 못하리라 하였노라 하셨더라 (삼상 3:14)

엘리와 그 아들들이 자신의 뜻대로 하나님을 존중하지 않을 때 하나님은 자신의 뜻을 온전히 따르는 사람을 준비하고 계셨다. 사울을 버리실 때나 다윗을 쓰실 때나 하나님의 기준은 그 사람의 능력이 아니라 '그가 얼마나 하나님의 뜻대로 순종하는가' 하는 것이다.

> 네 두 아들 홉니와 비느하스가 한 날에 죽으리니 그 둘이 당할 그 일이 네게 표징이 되리라 내가 나를 위하여 충실한 제사장을 일으키리니 그 사람은 내 마음, 내 뜻대로 행할 것이라 내가 그를 위하여 견고한 집을 세우리니 그가 나의 기름부음을 받은 자 앞에서 영구히 행하리라 (삼상 2:34,35)

사무엘은 오직 하나님의 마음과 뜻을 따라 사는 사람으로 준비되고 훈련되었다. 누구든지 하나님 앞에서 쓰임받기 위해서는 반드시 오랜 시간에 걸쳐서 하나님의 마음과 뜻을 알고 전적으로 순종하는 훈련이 필수적이다. 하나님의 마음에 합한 사람, 하나님 마음대로 하실 수 있는 사람이 되어야 비로소 하나님의 손에 붙들리게 되는 것이다.

하나님께 쓰임받는 사람의 두 번째 특징은 하나님께서 그와 함께 계시면서 그의 말을 땅에 떨어지지 않게 하신다는 것이다.

> 사무엘이 자라매 여호와께서 그와 함께 계셔서 그의 말이 하나도 땅에 떨어지지 않게 하시니 (삼상 3:19)

'말이 땅에 떨어지지 않는다'는 표현이 아름답다. 하나님께서 그 사람에게 말을 주시고 또 그의 말을 영향력 있게 하신다. 따라서 그의 말은 허공이나 땅에 흩어지는 말이 아니라 하나님의 권위와 능력이 실린 말이 된다. 하나님께서 책임져주시는 말이 되고, 단순히 말로만 끝나는 것이 아니라 하나님의 능력이 나타나는 실제가 되는 것이다. 이 구절을 읽을 때마다 이런 사람이 되고 싶다고 많이 소원했었다.

사무엘의 말에서 하나님의 권능이 나타날 때 모든 사람들이 하나님이 그 사람과 함께한다는 것을 알게 된다. 그것은 사람이 유명해지는 것과는 차원이 다르다. 사람이 나타나기 전에 그 사람을 통한 하나님의 성품과 능력이 나타난다. 그래서 사람들은 그 사람을 통하여 하나님을 느끼는 것이다. 더군다나 사무엘 때처럼 하나님의 계시가 드문 때에는 더더욱 잘 알게 된다. 엘리 아들들의 소행은 사람들에게 이미 소문이 나 있었다. 나라의 장래는 점점 어두워지고 모든 사람이 하나님의 생명에 목말라 있었다.

> 단에서부터 브엘세바까지의 온 이스라엘이 사무엘은 여호와의 선지자로 세우심을 입은 줄을 알았더라 (삼상 3:20)

사무엘은 엘리나 그의 두 아들과는 다른 사람이었다. 비록 그는 엘리 밑에서 배웠으나 하나님보다 자식을 더 사랑하여 하나님 앞에서 신실함을 잃어버린 엘리와 달랐고, 하나님의 제사를 멸시하고 회막 입구에서 일하는 여자들과 동침한 엘리의 아들들과는 더더욱 달랐다. 하나님은 참으로 "나를 존중히 여기는 자를 내가 존중히 여기고 나를 멸시하는 자를 내가 경멸하리라(삼상 2:30)"라고 공언하고 계시기 때문이다.

사무엘이 그들과 다른 것은 오직 하나다. 그는 하나님을 존중했고 하나님의 뜻을 존중하여 자신의 뜻대로 하지 않았다. 이스라엘의 모든 사람들이 이런 사무엘을 알아보는 것은 어려운 일이 아니었다. 사람들이 나를 몰라보는 것이 아니다. 내가 하나님과 사람 앞에서 존귀하게 되는 것은 오직 내가 하나님을 얼마나 존중하는가에 달려 있기 때문이다. 하나님을 존중하지 않는 사람은 하찮게 될 것이다. 만약 사무엘처럼만 하나님을 존중한다면 온 세상이 그 사람을 알게 될 것이다.

마지막으로 하나님께서 어떤 사람을 사용하실 때는 반드시 그 사람에게 하나님이 누구신지 알게 하신다. 말씀을 통하여, 깊은 묵상을 통하여 하나님이 누구신지 이전에 알던 사람들의 방식이 아니라 그 사람만 알 수 있는 방식으로 하나님이 누구신지 알게 하시고 전하게 하신다.

여호와께서 실로에서 다시 나타나시되 여호와께서 실로에서 **여호와의 말씀으로 사무엘에게 자기를 나타내시니라** (삼상 3:21)

하나님께 쓰임받고 싶다면서 말씀을 읽지 않는 것은 모순이다. 하나님은 말씀을 통해 자신을 드러내시는데 말씀을 읽지 않으면 하나님을 알 수 없다. 모르는 하나님을 사람들에게 전할 수 없다. 다른 사람이 경험한 하나님을 나의 하나님인 것처럼 전하면 힘이 없다.

말이 사람들의 마음에 떨어져야 하는데 땅에 떨어지고 마는 것이다. 내가 하는 말이 그 사람의 마음에 떨어져 열매를 맺어야 한다.

핵심 문제를 파악하라

삶에는 항상 문제가 있다. 삶의 사소한 것 속에서도 인도함을 받아야 하지만 내 삶의 핵심적인 문제들 속에서도 인도함을 잘 받아야 한다. 사람들이 삶의 핵심적인 문제들에 대해서 하나님의 인도하심을 간절히 바랄 것 같지만 의외로 그렇지 않다. 자신의 삶을 힘겹게 하는 문제는 보통은 그 사람에게 상처인 경우가 많다. 쉽게 해결되지 않으면서 나를 괴롭히는 문제에 대해서 믿음의 행동을 취하기보다는 애써 외면하고 싶은 것이 인간의 마음이다. '어떻게 되겠지' 하는 마음과 굳이 그 문제를 삶의 핵심적인 이슈로 만들어서 피곤하고 싶지 않은 마음이 있다. 그런 마음의 문제는 해결되지 않으면서 마음을 좀먹고 있다는 데 그 심각성이 있다. 어느 순간 충만함이 사라진다.

나는 목회를 하기 때문에 항상 양(성도)들의 상태에 관심이 많다. 대부분은 성령 하나님 안에서 차분하고 은혜로운 이야기가 깊이 진행된다. 그러면 서로의 문제도 잘 알고 해결할 수 있으며 공동체 안에 친밀함과 은혜가 있다.

하루는 돌보던 형제와의 대화가 갑자기 겉돌고 충만함이 사라졌다는 느낌이 들었다. 딱히 표현하기 힘들지만 대체적으로 하나님을 향한 집중력이 사라지고 말이 은혜롭지 못하며 자신의 삶의 문제에 대해서 대충 말하는 것으로 알 수 있다. 그런 행동은 목자를 상당히 힘겹게 하고 낙담하게 한다. 충만함이란 서로의 관계 안에서 집중력 있게 깊은 이야기를 나누는 것이다. 그런데 갑자기 말과 행동에서 집중력이 떨어지고 은혜가 없고 관계 속에서 대충대충 하기 시작하면 거절감 비슷한 감정을 느끼게 된다. 처음에는 이런 일에 익숙하지 않아서 많이 힘들었지만 자주 겪다보니 이런 상황은 삶의 핵심적인 문제가 내면을 복잡하게 만들어서 충만함을 잃어버린 상태가 아닐까 짐작하게 한다.

겉도는 대화를 다시 집중력 있게 하자면 기다림과 사랑이 필요하다. 무슨 문제가 있는지 찾아나서는 '사랑의 수사관'이 되는 것이다. 이런 과정이 어려운 이유는 보통 삶의 어려운 문제들이 성령충만함을 잃어버리게 할 만큼 큰 문제가 되는지 본인이 잘 모르는 경우가 많기 때문이다.

형제와 무엇이 문제인지 이야기하다가 친척에게 빌려준 재정에 대한 이야기가 나왔다. 아내 쪽 친척이 이사 갈 집을 계약했는데 살던 집이 나가지 않고, 주인도 집이 나가면 돈을 주겠다고 해서 난감해하는 상황이었다. 형제는 자신의 이름으로 대출을 해서 억대에 가까운 전세금을 빌려주었다. 그런데 그 친척이 집이 나가서 전세금을 받았는데도 형제에게 빌린 돈을 갚기보다는 사업을 확장하는 데 융통하고 싶어 한다는 것이다. 형제는 마음이 어려웠지만 장모님과 아내를 생각해서 아무 말도 못하고 있었다.

무엇보다 형제가 재정을 빌려준 동기가 좋지 않았다. 결혼하기 전에 이번에 돈을 빌려준 친척이 크게 반대를 했던 모양이다. 형제는 자신이 이 정도 재정을 빌려줄 수 있는 사람이라는 것을 그에게 증명하고 싶었다고 한다. 올무에 걸렸다는 느낌을 지울 수 없었다. 본래 돈이라는 것이 내 손에서 나가면 어떻게 될지 모르는 것이다. 더군다나 큰돈은 사람의 인격과 마음을 마비시키기도 한다. 형제는 아무에게도 표현하지 못했지만 마음이 많이 낙담되어 있었다.

그들 부부와 함께 이 문제에 대해 이야기했다. 이 재정 문제가 형제의 삶에 얼마나 문제가 되고 있으며 하나님과의 관계를 망가트리고 있는지를 인지시켰다. 재정에 대한 염려로 복잡한 마음이 되면 먼저 하나님 앞에서 믿음이 사라진다. 그리고 관련된 사람들, 이 경우에는 아내를 비롯한 장모님과 친척들을 향해 마음이 어려워진다. 무엇보다 재정에 대한 근심이 마음을 찔러서 삶의 집중력을 무너트리고 죄로 빠지게 만든다.

다행스럽게도 이 부부는 서로를 깊이 사랑하는 사이였다. 남편의 상태에 대해서 깊이 공감한 아내와 그런 아내와 깊이 연결된 남편은 함께 문제를 해결해가기 시작했다. 형제는 곧 회복되었다. 몇 달 동안 괜찮았고 나도 그 문제를 잊어버렸다.

그런데 갑자기 형제가 다시 어렵다는 것을 느꼈다. 오랫동안 멘토를 하다보니 은혜가 없고 문제가 있을 때면 말과 행동으로 금방 알 수 있다. 가끔 목자를 향한 공격으로 오기도 하는데 그때는 정말 고통스럽다. 그래도 좋은 마음으로 문제를 함께 해결해야 한다. 친척에게 빌려준 재정은 여전히 해결되지 않았다. 다행히 친척이 사업을 확장하지 않고 재정을 돌려주기로 했는데 이번에는 집 주인에게 문제가 생겨서 재정이 묶여버린 것이다. 재정 문제는 원수가 심하게 장난칠 수 있으므로 쉽게 생각하지 말아야 한다. 올무 중에 최악의 올무는 재정의 올무다. 마치 새가 그물에 걸린 것 같은 상황이 된다.

관계가 어려운 것도 올무가 되지만 재정으로 묶인 관계는 사람을 참으로 힘들게 한다. 평안하고 성령충만한 삶을 지속적으로 살기 원한다면 재정에 묶일 염려가 있는 일들은 조심해야 한다. 가장 소중한 우리의 영혼이 묶이는 일은 정말 조심해야 한다. 다시 어려워진 형제 부부와 같이 이야기를 하고 문제 해결을 위해 기도했다. 부부는 친척에게 좋은 마음으로 이야기를 했고 결국 그 친척이 재정을 갚기로 했다. 형제도 쉬고 나도 쉬게 되었다.

실제적으로 나를 어렵게 하는 삶의 문제들 속에서 꼭 하나님의 인도하심을 받아야 한다. 삶의 핵심 문제란 나의 영혼을 힘들게 하는 문제이다. 심각한 일이라 할지라도 그것이 나의 영혼을 상하게 하지 않는다면 핵심 문제는 아니다. 그러나 사소한 것 같아도 그 문제가 나의 영혼을 힘들게 하면 그 문제는 핵심 문제가 되는 것이다.

삶을 어렵게 하는 핵심 문제들에 대해서 하나님은 응답을 가지고 계신다. 우리가 원하는 간결하고 기적 같은 해결책이 아니라 그 문제 속에서 우리가 어떤 하나님을 만나야 하는지, 그 문제를 해결하면서 알아야 하는 내면의 문제가 무엇인지 배우게 하신다. 삶을 어렵게 하는 문제들을 통해 우리는 문제를 해결하시는 하나님을 만나고 오랫동안 나를 괴롭혀 온 내면의 문제들에 직면하게 된다.

이런 상황을 좋아할 리 없고 즐겁게 하는 사람도 없다. 그러나 이렇게 하지 않으면 문제도 해결되지 않고 자신도 좋아지지 않는다. 정확히 말하면 나빠진다. 올무에 걸린 채 살지 않으려면 힘들어도 문제를 해결해야 한다. 친척에게 재정을 빌려주었다가 어려움을 겪은 형제가 가장 많이 배운 것은 자기 내면에 있는 문제들이었다. 그는 어려서 어머니에게 인정받기보다는 늘 혼나면서 자랐다.

하지만 어머니의 관심과 지도에 힘입어 좋은 학교에 갈 수 있었고, 아들을 향해 지원을 아끼지 않는 어머니 덕분에 그는 잘 살고 있다. 지금은 그도 어머니를 사랑하고 어머니도 아들을 자랑스럽게 여긴다. 문제는 그의 내면이다. 그는 여전히 인정받고 싶어 한다.

그가 자신을 인정하지 않았던 친척에게 마음의 균형을 잃고 큰 재정을 선뜻 빌려주겠다고 나선 것도 그 때문이었다. 자신을 인정하지 않고 결혼을 반대했던 그 친척에게 자신이 얼마나 능력 있는 사람인지 보여주고 싶었던 것이다. 그는 심각하게 그동안 자신이 은연중에 했던 재정과 관련된 행동 중에 자신의 능력을 입증하기 위해 했던 것들을 살펴보기 시작했다. 솔직히 그 친구가 밥을 사면 그리 기분이 좋지 않았다. 무언가 자신을 입증하는 행동에 대해서 마음이 불편했던 것이다.

그런데 지금은 그 친구가 밥을 사도 마음에 어려움이 없다. 그의 마음이 좋은 줄 알기 때문이다. 그는 이 사건을 통해 하나님이 주신 재정을 마치 나의 것인 양 생각하고 자기를 입증하는 방법으로 쓰면 주님이 기뻐하시지 않는다는 것을 배웠다. 재정은 하나님이 주신 것이다. 그러므로 하나님을 높이고 사람을 얻는 데 써야 한다. 사람을 낚는 어부로 살기 위해 재정을 쓰는 것이지 나를 입증하기 위해 쓰는 것이 아니다. 그것은 재정을 주신 하나님께 실수하는 것이다.

우리가 문제 속에서 하나님이 누구신지 배우고 나의 문제를 정리하면 하나님은 일하기 시작하신다. 물론 모든 상황에서 모든 사람에게 그렇게 하시는지 모르겠지만 우리는 문제 속에서 배워야 한다. 그러면 하나님은 일하신다.

믿음의 선한 싸움

핵심 문제는 나의 삶을 어렵게 만든다. 해결되지 않는 어려운 문제로 말미암아 일단 나의 내면이 복잡해지면 다른 사람과의 관계뿐 아니라 하나님과의 관계도 어려워진다. 당연히 삶에 대한 은혜스러운 집중력이 떨어진다. 은혜가 없는 삶은 반드시 실수와 죄를 불러온다. 삶에 대한 의욕이 상실된다.

이런 삶의 구조를 무너트려야 한다. 일단 마음의 회복이 일어나야 한다. 마음이 무너져서 삶이 무너져 있기 때문이다. 마음의 회복은 삶의 상황이 좋아져서가 아니라 하나님이 약속을 주실 때라야 가능하다. 그 약속은 먼저 하나님과 나와의 관계 회복을 위한 약속이다. 아직 일이 해결되지 않았어도 하나님은 나의 좋으신 아버지되시고 보호자가 되신다는 약속, 그 언약에 대해서 나의 마음이 반응하는 것이다.

문제로 말미암아 자신과 하나님을 향해 복잡해진 마음의 상태는 자세히 들여다보면 원망에 붙잡혀 있는 경우가 많다. 나를 어렵게 한 사람, 그런 상황에서 나를 돕지 않은 하나님을 향한 원망이다. 이런 마음으로는 아무것도 할 수 없다. 먼저 자신이 실수한 것을 정직하게 보고 그것이 하나님의 성품에서 얼마나 벗어난 것인지를 알아야 한다. 또한 다른 사람의 실수에 대해서도 내 마음이 어떻게 생각하는지 알아야 한다.

한 형제의 아내가 고가(高價)의 물건을 사서 빚을 졌다. 형제는 아내를 사랑하기 때문에 그 모든 상황을 받았다. 그러나 마음이 어려워진 것은 어쩔 수가 없었다. 당장 무슨 일이 나는 것은 아니지만 부부 관계나 하나님과의 관계가 온전할 리 없다. 훈련을 통하여 하나님 앞에 나아간 부부는 이제 정직하게 서로의 마음을 이야기하고 함께 해결책을 도모하기 시작했다. 아직 문제가 해결되지 않았지만 부부 관계나 영적인 상태가 좋아졌다. 이를 위해 간절히 기도한다. 하나님께서 실제적으로 은혜를 베푸셔서 도우시기를….

하나님 앞에 나아가서 자신의 마음을 만지고 관계가 믿음으로 좋아지면 비로소 문제가 보이기 시작한다. 하나님은 우리 문제를 해결하고 싶어 하신다. 그런데 우리는 그 문제가 무슨 문제인지 모르는 경우가 많다. 문제 속에서 하나님을 만나고 나의 연약함을 보아야 한다. 하나님을 알아가는 문제를 내면의 훈련 문제로 보고 문제 정의를 해야 하기 때문이다. 문제가 문제가 아니다. 문제를 통하여 가져야 할 믿음의 훈련이 문제다. 마땅히 배워야 할 것을 배워야 문제는 비로소 해결되기 시작한다.

우리는 창세기를 통해 요셉이 형들에게 팔려가고 감옥에 가는 모든 상황을 잘 알고 있다. 단순한 사실을 아는 것이 아니라 요셉의 노예생활과 감옥생활이 요셉을 향한 어떤 훈련이었는지를 안다. 요셉 본인도 그것을 알았다. 나중에 형들이 '너를 팔아넘겨 미안하다'고 했을 때 그는 형들이 자신을 판 것이 아니라 하나님께서 기근 시에 가족들을 보호하시려고 자신을 먼저 보낸 것이라고 한다.

하나님은 요셉의 가족들을 보호하심으로써 유다의 후손으로 오실 예수님을 보호하셨다. 요셉은 자신의 고난이 단순한 고난이 아니라 하나님의 크신 계획 속에서 의미가 있다는 것을 알았고 훈련 속에서 강건해졌다. 심각한 문제 속에서 그는 망가지지 않았다. 훈련을 통과하고 문제를 해결하고 하나님께 쓰임받는 사람이 된 것이다.

하나님과 관계가 온전해지면 마음이 새로워지고 문제를 하나님이 주신 믿음의 시각으로 보게 된다. 이런 관점의 전환이 중요하다. 믿음의 시각을 따라 문제가 재구성되지 않으면 믿음의 선한 싸움이 시작도 되지 않는다. 믿음의 선한 싸움을 통하여 문제를 해결하고 성장하기 원한다면 일단 문제를 보는 시각이 믿음으로 재구성되어야 한다. 문제를 문제로만 보지 않고 그 뒤에서 일하고 계시는 하나님을 보는 것이다.

문제를 이기고 하나님과의 관계가 회복되었다면 실제적으로 문제를 해결하기 위해 움직여야 한다. 어느 순간에 갑작스럽게 문제가 한꺼번에 해결되기도 하지만 보통은 여러 차례 행동을 통해 감을 잡게 되고 문제 해결의 실마리를 갖게 된다. 나는 아무것도 안 하는데 하나님만 하시는 경우는 없고, 갑자가 천사가 나타나서 문제를 해결하는 경우도 드물다.

우리는 문제를 해결해가는 실제적인 행동을 통해 겸손과 책임감을 배운다. 그것은 나의 문제이다. 하나님도 도우시고 사람도 돕겠지만 결국은 내가 해결해야 하는 문제이다. 문제를 해결해가는 불편함을 어려워해서는 안 된다. 필요하다면 어떤 사람에게든지 겸손하게 부탁하는 것을 어려워하지 말아야 한다. 재정을 빌려준 친척에게 겸손하게 여러 번 부탁하는 것, 가정의 재정에 심한 압박감을 주었던 고가의 물건을 다시 팔기 위해 중간 상인에게 겸손하게 부탁하는 것을 어려워해서는 안 된다. 그런 상황에서 겸손할 때 하나님은 그 사람을 불쌍히 여기신다.

요셉도 감옥에서 꿈을 해몽해주고 자신을 기억해달라고 부탁했다. 물론 하나님의 때가 되기까지 석방되지 않았고 술 맡은 관원은 요셉을 잊어버렸다. 그러나 요셉이 그렇게 부탁할 수 있는 겸손한 관계 설정이 얼마나 중요한지는 요셉이 풀러난 것을 통하여 알 수 있다. 요셉은 결국 술 맡은 관원이 해몽 사건을 생각해내서 감옥에서 나오게 되었던 것이다.

믿음의 선한 싸움은 사람으로 하여금 행동하게 함으로써 어려움에 붙잡혀 낙담되어 있던 마음을 새롭게 해준다. 나의 내면은 문제 때문에 어려워만 하고 있는 것이 아니라 문제를 해결하기 위해 움직이고 있다. 아직 문제를 해결하지 못했지만 나의 마음은 믿음 안에서 문제를 이기고 있는 것이다. 항상 문제를 믿음으로 해결하는 것이다. 예수님께서 늘 묻는 것이 무엇인지 기억하라.

"네가 믿느냐? 그러면 네 믿음대로 되리라"(마 9:29, 마 15:28 참조).

즐겁게 기다리기

초등학교 4학년인 딸아이가 살기가 힘들단다. 유치원 때로 돌아가고 싶다고 한다. 그때는 숙제도 없고 자기가 하고 싶은 것을 하면서 즐거운 시간이었다고 한다.

인생을 살면서 유치원 때 같은 경우는 다시 오지 않는다. 오직 보호 받으면서 자기가 하고 싶은 것을 하고 숙제가 없는 삶은 이 세상에 존재하지 않는다. 그래서인지 인생을 자발적인 즐거움으로 충만하게 사는 사람이 많지 않다. 그렇게 사랑해서 결혼했어도 아이가 생기고 먹고사는 문제가 힘들어지면 모든 것이 고통이 된다. 평생 가족들을 먹여 살리고 나아가 행복하다고 느끼게 하기 위해 얼마나 많은 대가를 치러야 하는지 모른다. 삶은 힘들다. 삶이 쉽다는 사람이 어디 있는가?

힘든 삶의 여정에서 즐거움을 누리고 자발적인 생산력을 지니기 위한 유일한 방법은 성령충만이다. 충만한 사람은 즐겁다. 모든 일에 자발적인 의욕으로 충만하다. 그는 누가 시켜서 일하는 사람이 아니다. 자신이 즐거워서 주도적으로 일하는 사람이다. 자기에게 흥미가 있고 재미가 있는 일에만 즐거운 것이 아니다. 하나님의 일, 다른 사람을 섬기는 일에 즐거워하고 자발적이다. 보통 은혜를 받으면 가정이나 교회, 직장에서 이런 상태를 아주 짧게 보여주는 신앙인들이 있다.

그러나 은혜가 없어지면 본래 상태로 돌아간다. 삶과 사람들에 대해서 태만하고 대충하며 본능대로 이기적인 반응을 한다. 성령으로 충만하면 주의 깊고 사려 깊게 하나님의 뜻을 살피며 사람들의 뜻을 살필 줄 아는 사람이 된다. 그리고 하나님의 성품을 따라 섬길 줄 알게 된다.

문제는 그런 충만한 상태를 금방 잃어버리는 것이다. 그러나 강건하고 훈련된 사람들은 충만함을 오래 유지할 뿐만 아니라 자신이 가진 즐거움으로 삶의 환경을 변화시킨다. 즐거움은 힘이 세고 전염성이 강하다. 누구나 즐거움을 원하기 때문이다. 위로부터 부어진 즐거움으로 충만한 삶이 성령으로 충만한 삶이다.

산속에서 혼자 사는 것이 번잡함은 없애주겠지만 인생의 본래 목적이 그것은 아니다. 예수님은 혼자 산속에서 사시지 않았다. 피를 흘리셨음에도 그는 사람들의 필요 한가운데 계셨다. 바리새인과 무리와 제자들이 각기 자신이 원하는 대로 예수님을 상대했음에도 그들 가운데 계셨고 그들을 위해 십자가를 지셨다. 누구도 예수님의 즐거움을 빼앗아갈 수는 없었다. 예수님의 기쁨은 강한 것이었다.

은혜를 받은 적이 있을 것이다. 삶의 상황은 변한 것이 없음에도 마음에는 기쁨이 충만한 것 말이다.

엘리야에게 떴던 조각구름이 우리 삶에도 떠야 한다. 아직 비가 오지 않았어도 조각구름이 뜨면 하나님의 응답이 멀지 않은 것을 알 수 있다. 허황된 꿈을 꾸면서 자신은 아무것도 하지 않는 사람들은 믿음의 역사를 보지 못한다. 물론 기도하지 않고 성령 하나님의 인도하심을 놓치면서 잔머리로 일을 꾸미는 사람은 최악이다. 성령 하나님의 인도하심을 받으면서 우리의 소원을 귀하게 여기고 응답하시는 하나님의 조각구름을 만나야 한다. 조각구름이 뜨는 것은 기도의 응답이다.

아직 확실하게 일이 다 해결되지 않았어도 하나님은 이 일에 어떤 결심을 가지고 계신지 알 수 있다. 하나님께서 조각구름을 보내시면 일은 해결되는 방향으로 급속히 움직이게 된다. 조각구름이 뜰 때까지 하나님 앞에서 믿음으로 반응하고 싸웠던 시간들이 있어야 한다. 하나님 앞에서 그 수고가 차고 하나님도 우리의 수고를 충분히 아실 때 비로소 조각구름이 뜬다.

교회를 개척하면서 수많은 시행착오를 거쳤다. 가장 큰 착오는 사람들의 마음 안에 무엇이 있는 줄 몰랐다는 것이다. 교회를 개척할 때 모든 사람이 다 하나님의 영광을 위해 하는 줄 알았다. 후에 안 사실은 사람들은 자신의 필요를 따라 모인다는 것이었다. 은혜를 받고 싶다는 작은 필요부터 인생을 해결하고자 하는 큰 필요까지 사람들은 무언가 자신의 유익을 위해 교회를 개척하러 모였다. 나는 당연히 그런 필요를 해결해주고 싶었지만 하나님께서는 그런 지도력을 싫어하시고 교회가 그렇게 되는 것도 싫어하셨다.

하나님께서 그렇게까지 싫어하지 않으셨다면 여러 번 교회가 흩어지는 것을 면할 수 있었을 거라 생각한다. 그간에 있었던 변화라면 교회와 사람들을 향한 나의 생각의 변화라고 할 것이다. 사람들의 욕심이 있더라도 일단 교회를 세우고 성장시키자는 생각이 심각한 문제임을 알게 되었다.

사람들을 섬길 때도 일단 문제를 지적하기보다는 받아들이고 위로하려는 태도를 고치게 되었다. 마땅히 섬겨야 하지만 하나님의 뜻, 특별히 교회를 향한 하나님의 주권에는 타협이 없음을 알게 되었다. 마음이 조급해지는 나에게 여러 번 하나님께서 말씀하셨다.

'서두르지 마라.'

나는 서두르고 있었고 지금도 자유롭지 못하다. 언제까지 20여 명의 사람들과 내면의 문제로 씨름하면서 시간을 보내야 한단 말인가! 어지간히 하고 다른 이야기하면서 교회를 크게 만들고 싶다. 하지만 하나님은 강하게 반대하신다. 사람들과 타협하지 말라고 하신다. 그들의 필요가 하나님 안에서 변화되게 하라고 하신다. 자신의 필요만을 해결하려 하는 신앙인이 아니라 먼저 하나님 나라와 그의 의를 구하는 신앙인으로 세우라고 말이다. 일단 필요를 채워주어야 그들이 따르는 걸 알지만 나는 순종한다. 그러는 사이에 많은 사람들이 교회를 떠나고 비난했다. 다행스럽게 적은 수의 성도들이 점점 제자로 훈련되고 교회를 교회되게 한다. 마치 그루터기 같다. 몇 명 남아 있지 않지만 그들은 예전의 그들이 아니다. 모임은 견고하고 은혜가 넘친다. 누가 와도 이 분위기를 바꿀 수 없다. 도리어 이 분위기를 존중하고 자신이 변화되어야 할 것이다.

예수님의 보혈 위에 있는 교회, 작지만 누군가는 예수님이 원하시는 교회를 세우기 위해 인생을 바친다. 조각구름이 떴다. 아직 교회가 영향력을 크게 미치지 못하지만 하나님이 우리를 기뻐하신다는 확신이 있다. 본래 교회를 세우는 것이 전쟁이라서 하루 좋아도 또 언제 나빠질지 모른다. 그래도 흔들리지 않는다. 교회는 예수님이 주인이시니 알아서 하실 것이다. 두려움이 없다. 비는 하나님이 주신다. 사람이 비를 만들 수 없다. 그래서 순종해야 한다. 하나님이 하셔야만 하는 일이라면 오직 순종함으로 하나님이 하실 때까지 즐겁게 기다리면 된다. 조각구름이 대지를 적시는 큰 비가 될 때까지….

CHAPTER 7
그리스도의 몸 세우기

하나님의 성품을 흐르게 하라

아무리 많은 은혜를 받아도 얼마가지 못해서 다시 옛날의 삶으로 돌아가는 것은 속사람이 아직 옛 사람에서 벗어나지 못해서다. 진정 훈련된 하나님의 사람이라면 옛 사람을 벗어버리고 새사람, 즉 성령의 사람이 되어야 한다. 그것은 마치 주물 공장에서 쇳물이 틀에 부어져 새로운 모양으로 태어나는 것과 같다. 완전히 녹아져서 새로운 틀에서 나와야 한다.

앞서 말했지만 그것은 고통스럽다. 자아가 육신과 싸워 자연스럽게 성령의 사람이 되는 것이 아니다. 옛 사람이 녹아 없어지려면 고난을 통한 순종의 과정이 있어야 한다. 고난은 우리의 죄를 그치게 하고 육신을 벗어버리게 하는 복이 있다. 우리가 옛 사람의 상태에 있는 것을 바울은 이렇게 표현한다.

> 그러므로 내가 이것을 말하며 주 안에서 증언하노니 이제부터 너희는 이방인이 그 마음의 허망한 것으로 행함같이 행하지 말라 그들의 총명이 어두워지고 그들 가운데 있는 무지함과 그들의 마음이 굳어짐으로 말미암아 하나님의 생명에서 떠나 있도다 그들이 감각 없는 자가 되어 자신을 방탕에 방임하여 모든 더러운 것을 욕심으로 행하되 (엡 4:17-19)

예수님을 믿지 않는 사람, 성령 하나님을 모시고 있지 않은 사람, 하나님의 자녀로 살지 못하는 사람의 마음은 허망하다. 진리가 그 마음에 없으므로 오직 자신의 욕심을 따라 허망한 것을 따르게 된다. 인간의 욕심을 따르는 마음은 점점 총명함이 사라진다. 하나님이 주시는 생각이 그 안에 없으므로 마음과 생각이 방향을 잃고 오직 자신의 욕심을 따른 지혜롭지 못한 방향으로 흘러가는 것이다. 하나님의 지혜가 없는 마음은 점점 굳어져서 하나님의 생명에서 떠나게 된다. 사망은 그 마음이 하나님과의 관계가 끊어져서 아무것도 느끼지 못하고 오직 욕심을 따른 죄만을 생각하는 것이다. 사망의 마음에서 나오는 것은 오직 죄로 자신을 방탕에 방임하게 된다. 건강한 마음으로 자신을 추슬러서 거룩하고 즐겁게 사는 쪽으로 마음을 쓰지 못하고 모든 더러운 것을 욕심으로 행하게 되는 것이다.

성령의 은혜를 맛본 사람들은 이 상태의 변화를 더욱 느낄 수 있다. 은혜가 있어서 생명으로 마음이 가득한 상태와 방탕에 방임하여 모든 더러운 것을 욕심으로 행하고 있는 상태를 스스로 알 수 있는 것이다. 상태가 좋을 때와 그렇지 못할 때가 비교되기 때문이다. 바울은 이렇게 권면한다.

오직 너희는 그리스도를 그같이 배우지 아니하였느니라 진리가 예수 안에 있는 것같이 너희가 참으로 그에게서 듣고 또한 그 안에서 가르침을 받았을진대 **너희는 유혹의 욕심을 따라 썩어져가는 구습을 따르는 옛 사람을 벗어버리고 오직 너희의 심령이 새롭게 되어 하나님을 따라 의와 진리의 거룩함으로 지으심을 받은 새사람을 입으라** (엡 4:20-24)

심령이 새롭게 되어 새사람을 입어야 한다. 성령께서는 우리 마음 안에 들어와 계신다. 그리고 계속해서 뜻을 보이시고 우리를 인도하신다. 성령 하나님의 인도하심에 순종하여 따라갈 때 우리는 육신의 뜻을 이기고, 죄를 이기고 성령의 열매를 맺게 된다.

성령의 열매는 하나님의 성품이 나의 마음 씀씀이를 통하여 사람들에게 흘러가는 것이다. 성령충만할 때는 내 마음에 들지 않아도 하나님이 주시는 마음을 따라 따뜻한 섬김이 흘러갈 때가 있다. 마음이 복잡하면 조금도 기다리지 못한다. 전에는 그런 편차가 심했다.

가족들과 쇼핑몰에 가는 것은 나에게는 힘든 일이다. 그러나 기도를 많이 하면 아내와 아이들과 쇼핑몰에서 즐거운 시간을 보낼 수 있다. 기도가 부족하면 중간에 반드시 전쟁이 일어나고 견디지 못한다. 나는 사람들이 많은 곳이 힘들고 실내의 탁한 공기 때문에 머리가 아프다. 아내는 물건을 고르느라 정신이 없어서 나와의 인격적 교감은 없어진 지 오래다. 마음이 점점 서운해질 때 아이들이 자기 마음대로 한다. 내 얼굴이 심각해지는 순간, 딸이 묻는다.

"아빠 힘들어?"

"아니?"

"그런데 왜 얼굴이 그래?"

"괜찮아!"

"그래? 그럼 웃어봐!"

나는 어떻게 하든지 분위기를 지키고 싶어서 억지로 웃는다. 아이들은 영적이다. 아빠가 성령충만해서 하나님의 성품이 흘러갈 때와 그렇지 않을 때의 표정이 다른 모양이다. 물론 내 얼굴을 나는 보지 못하기 때문에 아이들이 민감한 것일 수도 있지만 아무래도 영적인 느낌이다. 아내는 그런 상황을 전혀 모르기 때문이다. 딸이 한참 나의 표정을 살피더니 다음으로 아들이 나의 표정을 살핀다. 따뜻한 표정을 지으려 하지만 아무래도 아이들은 느껴지는 모양이다.

"아빠, 왜 그래?"

"응, 괜찮아."

그래도 아들은 계속 묻는다.

"왜 그래?"

아마도 '왜 열매를 우리에게 주지 않아?'라는 의미인 것 같다. 확실히 아이들은 밥을 먹고 크는 것이 아니다. 부모를 통해 흘러가는 성령의 열매를 먹고 큰다. 결국 나는 참지 못하고 아이들에게 사정을 한다.

"아빠가 교회 개척하느라 힘들어서 그래. 앞으로 아빠가 힘들어 하는 것 같으면 힘을 내도록 기도해주라."

그 후로는 아이들이 더 이상 나의 표정을 보고 같은 질문을 하지 않게 되었다. 물론 나도 점점 성령께서 주장하시는 시간과 상황이 많아지면서 누구를 만나든 성령의 은혜 안에서 만날 수 있게 훈련되어 간다.

사랑으로 하나되게 하라

성령충만한 사람은 다른 사람에게 관심을 갖는다. 충만함이 없을 때는 나의 문제 외에는 관심이 없다. 청년들은 성령으로 충만할 때와 그렇지 않을 때의 차이가 분명하다. 성령충만하면 하나님과 다른 사람에게 좋은 관심을 갖는다. 어려움에 빠진 청년들을 돕는 가장 좋은 방법은 자신의 문제에 대한 관심을 하나님께로 돌리는 것이다. 욕심은 사랑이 아니다. 나의 욕심에 사로잡혀 하나님과 다른 사람을 향해 관심이 없어지면 성령으로 충만한 상태는 점점 사라진다.

청년들의 이성교제는 모든 것이 욕심으로부터 출발해서 욕심으로 끝난다. 그래서 청년들에게 있어 이성교제는 훈련의 무덤이다. 그렇다고 이성교제를 안 하면 공동체가 경직된다. 성령충만한 이성교제를 하도록 가르치고 건강하고 행복한 가정을 이루도록 지도해야 한다. 참으로 어려운 일이다. 자기 욕심껏 연애하고 욕심껏 헤어지고 나서 결국 슬럼프에 빠진다. 아무리 성숙한 사람도 청년 때 이성교제는 넘기 어려운 벽이다. 한번 슬럼프에 빠지면 보통은 남의 말을 듣지 않는다. 훈련은 물 건너간다. 목자의 상실감은 이루 말할 수 없다. 모든 사람, 심지어 하나님을 향한 신뢰까지 거둔다. 자기가 원하는 사람과 자기가 원하는 연애를 하기 전에는 불신을 풀지 않는다.

청년들의 가장 큰 우상은 이성교제이다. 확실히 그들은 하나님보다 이성을 더 사랑한다. 심지어 자신의 욕심을 이루기 위해 하나님을 이용하고 싶어 한다. 자기 욕심껏 고른 사람과 잘되도록 하나님과 거래를 하려는 것이다. 그러다가 은혜가 없어지고 충만함이 사라지면 갑자기 헤어진다. 나쁘다.

1995년부터 지금까지 수많은 커플들을 상담하고 도왔지만 하나님의 뜻을 따르면서 교제하는 사람을 거의 본 적이 없다. 자기를 사랑하고 자기 욕심을 사랑한다. 그런 이성교제가 잘될 리 없다. 제일 무서운 사람은 자신이 원하는 결과가 나오지 않으면 불신 가운데 아무 말도 듣지 않고 자기 마음대로 하는 사람들이다. 그런 모습을 보고 있으면 정말 고통스럽고 힘들다. 조금만 자신의 욕심대로 되지 않으면 마치 세상이 자신을 비인격적으로 대하는 양 한다. 자신의 욕심을 이루도록 세상과 하나님이 도와주어야 인격적인 상황이라는 것이다. 나는 어떤 형제나 자매가 이성교제를 시작하면 한 수 접어둔다.

'아, 저 지체는 이제 본격적인 시험이 시작되는구나.'

하지만 그 사람이 원하는 대로 도와준다. 잘되든 되지 않든 도와준다. 물론 진심으로 이야기하지만 듣지 않으리라는 것을 알고 있다. 어제까지 말을 잘 듣고 신실하게 성장하던 사람이 갑자기 변하면서 대화가 겉돌기 시작한다. 자신의 모든 신앙을 회의하기도 하고 갑자기 영적인 것들을 가치 없게 여기는 말을 한다. 그래도 어쩔 수 없다. 청년들은 연애를 해야 하고 가정을 이루어야 한다. 어떤 청년도 성령으로 충만해서 하나님의 뜻을 이루는 연애를 하지 않는 것이 현실이다. 그렇다면 그들이 원하는 연애를 도우면서 결과가 나오는 대로 도울 수밖에 없다. 정말 수동적이고 수세(隨勢)하다. 무언가 의미 있고 생산적인 멘토를 할 수 없다. 오직 자신의 욕심을 이루는 것밖에 없는 사람들에게 훈련이나 충만함 같은 것들은 통하지 않는다. 그랬다간 총알이 날아다니는 전쟁터에서 사랑으로 하나되자고 설교하는 사람이 되고 만다. 이성교제와 결혼만큼 이해타산적인 것이 있는가! 자기 욕심대로 못하면 죽는 줄 안다.

성령으로 충만한 사람에게서는 사랑이 흘러온다. 조건 없는 사랑이다. 그 사람과 같이 있으면 행복하다. 안심이 된다. 자신의 이익을 구하지 않고 하나님과 다른 사람의 이익을 구하기 때문이다. 그는 하나님이 원하시는 것에 관심이 많다. 그를 만나면 긴장이 없어진다. 그는 결코 자신의 이익을 위해 나를 해치지 않을 것이기 때문이다. 그는 자신의 이익보다 하나님이 원하시는 것에 관심이 많으므로 결코 자신의 이익을 위해 나를 이용하지 않을 것이다. 그에게는 자신의 이익을 포기한 슬픔 혹은 좌절에서 오는 평안함이 있다. 끊임없이 자신의 이익을 추구하는 눈빛이 그에게는 없다. 그는 무슨 일을 맡아도 하나님을 기쁘시게 하고 다른 사람을 기쁘게 한다. 그런데 누군가 사랑이 아닌 것으로 그를 상대하면 그는 순식간에 사라진다. 사랑이 없는 사람들과 그는 같이 있을 수 없다. 충만함이 없는 곳에는 이해관계만 난무한다. '나에게 이익인가 손해인가' 하는 문제만 남는다. 누구도 신뢰하지 않고 오직 나에게 이익이 되는 것만 신뢰한다. 대부분의 성도들은 그런 환경에서 살고 있다. 충만함이 없다. 교회에 와서도 그렇게 산다. 당장 그런 욕심이 드러나지 않는다 해도 언젠가 반드시 드러난다. 그들은 공동체를 상하게 하는 날카로운 발톱이 되어서 그리스도의 몸을 상하게 만들면서도 회개하지 않는다.

> 믿는 무리가 한마음과 한뜻이 되어 모든 물건을 서로 통용하고 자기 재물을 조금이라도 자기 것이라 하는 이가 하나도 없더라 사도들이 큰 권능으로 주 예수의 부활을 증언하니 무리가 큰 은혜를 받아 그 중에 가난한 사람이 없으니 이는 밭과 집 있는 자는 팔아 그 판 것의 값을 가져다가 사도들의 발 앞에 두매 그들이 각 사람의 필요를 따라 나누어줌이라 (행 4:32-35)

성령으로 충만한 곳에서는 자연스럽고 평화로운 하나됨이 있다. 성령은 공동체를 하나되게 한다. 성령의 권능을 받은 사람은 교회를 세우고 하나되게 하는 사람이다. 만약 어떤 사람이 권능을 받았는데 교회를 깨트린다면 심각하게 재고해보아야 한다. 성령께서는 그리스도의 몸을 세우는 분이기 때문이다. 성령이 임하면 다른 사람의 필요에 민감하여 자신의 것을 나누고 필요를 채워주고 싶어진다. 자신의 욕심이 없어지고 하나님나라를 세우는 것에 헌신하게 되는 것이다. 반대로 성령충만함이 없으면 자신을 세우게 된다. 자신의 몫이 없거나 부족하다고 울분을 품는다. 그것은 전형적인 원수의 모습이다.

분당에서 목회할 때 점심을 먹고 오후 예배가 시작되기 전에 매주 한 명씩 나와서 자신의 삶 속에서 훈련받고 있는 것이나 어려운 일들에 대해서 나누고 함께 기도하는 시간을 갖곤 했다. 주로 삶의 어려움에 대해서 나누고 깊은 공감 속에서 기도했다. 하루는 형제 한 명이 자신의 경험을 나누어주었다.

"제가 성령으로 충만할 때는 다른 사람의 어려운 이야기가 내 이야기가 되면서 마음으로 뜨겁게 기도하게 되는데, 그렇지 않을 때는 남의 이야기처럼 들리더라고요."

성경은 우리가 한 몸이고 서로 연결된 지체라고 말한다.

몸은 하나인데 많은 지체가 있고 몸의 지체가 많으나 한 몸임과 같이 그리스도도 그러하니라 우리가 유대인이나 헬라인이나 종이나 자유인이나 다 **한 성령으로 세례를 받아 한 몸이 되었고** 또 다 한 성령을 마시게 하셨느니라 (고전 12:12,13)

하나되게 하시는 성령의 역사로 말미암아 우리는 지체로 연결된 것이다. 제자는 그리스도의 몸 안에서 길러진다. 손이 혼자 클 수 없다. 몸이 자라면서 손도 함께 커지는 것이다. 제자들도 예수님과 함께 3년의 공동생활을 하면서 길러졌다. 성령으로 충만해진 후부터 그들은 가는 곳마다 그리스도의 몸을 세우는 사람들이 되었다. 그리스도의 몸을 경험하지 못한 사람은 양육되지 않은 사람이다. 양육받지 못한 사람은 다른 사람을 양육할 수 없다. 몸이 무엇인지 잘 모르고 성령 안에서 연결되어 있다는 것이 무엇인지 모르기 때문이다.

온전한 양육과 성숙

아나니아와 삽비라 사건, 과부 구제 문제는 예루살렘교회를 흔드는 일이었다. 그것은 단순히 문제가 생겨서 교회 지도자들이 해결한 사건이 아니다. 성령으로 충만하여 교회를 세웠던 초대교회, 예루살렘교회는 모든 사람이 욕심 없이 한마음과 한뜻으로 뭉친 교회였다. 그런 교회에 아나니아가 자신의 재산을 팔아서 무언가 얻고 싶은 욕심으로 공동체와 하나님을 속이려 든 것이다.

초대교회의 기름부음, 권능은 바로 욕심이 없이 서로의 필요를 채워주는 것에서 나온다. 아나니아 사건은 욕심 없이 하나됨을 이루었던 교회를 깨트린 사건이다. 그런 문제가 발생하면 기름부음이 사라진다. 비록 사건이 해결되고 하나님의 역사가 있었다 해도 모두에게 상처가 남는다. 세상이 돈으로 움직인다면 교회는 은혜와 성령의 역사로 움직인다.

예루살렘교회는 핍박을 두려워하지 않고 복음을 전하는 능력, 사람들을 회개시키는 각성된 메시지, 성령으로 하나된 공동체로서 기름부음의 은혜가 있는 교회였다. 아나니아와 삽비라 사건, 헬라파 과부 구제 문제는 예루살렘교회의 하나됨을 깨트렸다. 은혜의 통로가 막힌 사건이라고 할 수 있다. 개별 교회가 받은 은혜의 통로가 막히면 교회가 돌아가지 않는다. 그래서 원수는 항상 그 통로를 공격한다. 어려운 사람을 구제함으로 은혜를 누린다면 그 부분에 문제가 생기게 함으로써 그 일의 의미를 상실케 하고 결국 교회가 받고 누리는 은혜가 없어지게 만든다.

예루살렘교회가 자기 것을 챙기지 않고 하나가 될 때, 모두가 욕심이 없이 하나님을 사랑할 때, 사도들은 큰 권능으로 말씀을 전할 수 있었다. 사람들은 은혜를 받았고 서로를 돌보고 세우는 일에 더욱 열심일 수 있었다. 성령의 능력은 교회를 하나되게 하고 그것은 강력한 메시지의 선결 조건이다. 아무리 연약하고 숫자가 적은 공동체라 해도 사랑으로 하나되어 있으면 반드시 은혜롭고 강력한 메시지를 전달할 수 있다.

성령의 은사나 직분은 그리스도의 몸을 섬기도록 주시는 것이다. 은사와 직분을 받았는데 그리스도의 몸을 경험하지 못한다면 그것들을 잘못 사용할 수 있다.

> 은사는 여러 가지나 성령은 같고 직분은 여러 가지나 주는 같으며 (고전 12:4,5)

> 이는 성도를 온전하게 하여 봉사의 일을 하게 하며 그리스도의 몸을 세우려 하심이라 (엡 4:12)

혹 자신의 은사나 직분이 몸을 해한다면 즉시 그만두어야 한다. 옥한흠 목사님께서 일산에 위성으로 예배드리는 곳을 세우고자 하실 때 주변 교회의 반발이 있자 즉각 그 일을 멈추었다고 한다. 조국의 교회는 서로 연결된 하나의 교회이다. 예수님이 주인이시다. 한번은 옥 목사님이 성령사역하시는 목사님께 가서 성령충만을 위해 기도해달라고 하셨단다. 그리고는 서로 안고 기도하셨다고 한다. 그것은 그리스도의 몸을 생각한 사려 깊은 행동이며 성령으로 충만한 상태를 드러낸 행동이다.

겸손은 예수님의 성품이다. 예수님은 마음이 온유하고 겸손하신 분이다. 그리스도인들은 서로 떨어진 존재가 아니다. 교회, 그리스도의 몸으로서 머리되신 예수님에게 연결되어 성령으로 하나된 지체들이다.

요즘은 그리스도의 몸에서 자란 사람들이 드물어지고 있다. 혼자 신앙생활하고 혼자 크고 있다. 자신의 필요를 따라 신앙을 취사선택하면서 마치 학원에서 자신의 부족한 부분을 보충하듯이 신앙생활을 하고 있다. 그렇게 하면 자신이 신앙생활을 잘할 수 있다고 생각한다.

양육과 성장은 전인격적인 것이다. 자신의 입맛에 맞는 음식을 골라먹듯 해서 되는 것이 아니다. 편식이 건강에 불균형을 초래하듯이 건강한 공동체 속에서 함께 성장하지 않는 사람은 신앙이 균형적이지 못하다. 몸을 이해하지 못하니 자신이 지금 그리스도의 몸을 어떻게 해하고 있는지도 모른다. 그냥 자신의 생각에 옳은 대로 한다. 사고의 중심에 예수님이 계시고 예수님의 몸이 있어야 한다. 성령께서는 우리를 그렇게 성장시키신다.

양육은 보통 성경공부로 이해했다. 주로 그런 문맥 속에서 자주 사용하는 용어이기 때문이다. 선배와 후배가 성경공부를 할 때 흔히 '양육 어디까지 했어?'라고 하는데 이 말은 보통 '성경공부 교재 몇 과까지 나갔느냐'는 말이다. 흔하게 쓰는 말이지만 양육은 그렇게 쉽고 단순한 일이 아니다. 양육을 받고 성장한 사람이 드문 교회 현실 속에서는 더 그렇다.

누구든지 언제나 자기 육체를 미워하지 않고 오직 **양육하여 보호하기를 그리스도께서 교회에게 함과 같이 하나니** 우리는 그 몸의 지체임이라 (엡 5:29,30)

양육은 두 가지 측면이 있다. 먼저는 자신의 몸을 돌보는 것처럼 하는 것이 양육이다. 인간은 자신의 몸을 보호하기 위해서 본능적으로 행동한다. 교도관이 쓴 글을 읽은 적이 있는데, 사형수가 사형장으로 가는 길에 물이 고인 곳을 피해가는 것을 보았다는 내용이었다. 지금 죽으러 가도 최후까지 자신의 몸을 보호하는 것이 인간이다. 양육의 속성이 거기에 있다.

우리가 조금 신중하게 교회 공동체를 섬겨야 하는 이유는 예수님이 자신의 몸인 교회에서 양육을 하시기 때문이다. 예수님은 교회의 머리고 교회는 예수님의 몸이다. 그러므로 예수님은 자신의 몸을 보호하시기 위해 모든 수단과 방법을 사용하신다. 몸이 건강하고 좋은 상태로 있도록 끊임없이 일하고 계시는 것이다.

그럼에도 불구하고 몸이 건강하지 못하다면 그것은 지체들의 책임이다. 몸을 아프게 한 사람들은 책임을 져야 한다. 우리의 모든 행동은 저울에 무게를 재듯이 예수님 앞에서 계산되고 있음을 기억해야 한다.

깨어진 마음의 학교

온전히 양육되지 못하고, 성령 안에서 길러지지 않은 사람들에게는 몇 가지 특징이 있다.

가장 두드러진 특징은 다른 사람의 권위 아래 들어가지 않는다는 것이다. 권위를 존중하지 않고 자발적 순종이 없다. 한번은 작은 메모지에 적힌 조이 도우슨의 '그리스도의 몸의 하나됨을 깨는 원칙'을 보았다(하나됨을 깨라는 것이 아니라 역설적으로 말한 것이다). 그중 하나가 "자신이 이해가 될 때만 리더의 말에 순종하라"라는 것이었다. 처음에는 이해하지 못했다.

'얼마나 많은 사람들이 잘못된 권위자들에게 피해를 보았는가? 그런데 왜 이해되지 않는 리더의 말에 순종하라고 하는가?'

그때 나는 어렸다. 그것이 잘못된 권위자를 무조건 따르라는 말이 아니라 몸을 지키라는 말인 줄 몰랐다. 권위의 보호를 받지 못하고 자란 나 같은 사람의 특징은 권위를 존중하지 못한다는 것이다. 선교단체에 들어가서 가장 많이 배운 것은 권위 아래 순종하는 것이었다.

처음 예전단에 들어갔는데 캠퍼스 리더들이 모두 나보다 나이가 어렸다. 나이만 어린 것이 아니라 학번도 아래였다. 대학에서는 나이도 나이지만 학번이 중요한데 어린 학번의 리더들에게 순종하는 것이 쉽지 않았다. 지금도 그렇지만 당시 리더였던 형제자매들에게 존댓말을 썼다. 교회나 학교에서는 상상할 수 없는 일이었다. 그러나 난 그렇게 했다.

한번은 학기 초에 리더 형제로부터 도서관 화장실에 홍보 포스터를 붙여달라는 부탁을 받았다. 해야지 생각했는데 깜빡 잊어버렸다. 월요일 리더 모임에 갔는데 리더 형제가 울면서 예배를 드리고 있었다.

'왜 저렇게 울까?'

그렇게 생각하는데 하나님이 마음에 부담을 주신다.

'너 왜 포스터 붙이지 않았냐?'

깜빡 잊었다고 변명했지만 하나님은 형제에게 가서 용서를 구하라는 마음을 주셨다. 지엄한 명령에 순종하지 않을 수 없었다. 난 그 형제에게 가서 용서를 구했다. 예배드리는 상황이라 둘 다 무릎을 꿇고 있었는데 형제는 담담히 나의 사과를 받아주었다. 그때 리더의 사소한 말이라도 조심해서 듣고 순종해야 함을 깊이 배웠다. 그리스도의 몸을 하나되게 하는 역설적인 가르침 중에는 "리더의 사소한 부탁을 잊어버리라"라는 것도 있었다.

예전단에 처음 들어가 몇 년 동안 계속 시달렸다. 무언가 사소한 불순종에도 몸의 분위기가 이상해지면서 눌리는 경험을 했다. 그렇게 다정하신 하나님께서 나를 향해 무섭게 변하시고 주변 사람들도 갑자기 싸늘해지는 경험들이 조금 무서웠다. 이후 간사로 살면서 그런 서늘한 분위기와 가르침은 많이 없어졌다. 그래도 나의 머릿속에는 권위에 불순종하면 위태로워진다는 그때의 경험이 깊이 박혀 있다.

왜 다윗이 사울을 피하는가? 그가 하나님의 기름부음을 받은 권위자이기 때문이다. 하나님께서 싫어하는 일을 해서는 안 된다. 늘 강조하지만 하나님께서 기뻐하시는 일은 즉각 해야 하고 하나님께서 싫어하시는 일은 즉각 멈추어야 한다. 그것이 순종이다. 다른 사람의 권위에 순종해야 하나님의 권위에도 순종할 수 있다. 사람 말은 듣지 않고 하나님의 말만 듣겠다는 사람은 누구의 말도 듣지 않는 사람이다. 하나님께서 사람을 통해 일하시기 때문이다. 좋은 권위 구조를 통하여 일은 진행된다. 물론 권위를 받은 사람은 더 조심해야 한다. 위에 계시는 하나님이 권위자를 지켜보시기 때문이다. 하나님의 은총이 떠난 권위자들은 세상 모두가 알아볼 수 있다. 사울이 이상하다는 것을 모두가 알 수 있었던 것처럼.

우리가 겪는 갈등은 대부분 미숙한 권위자와 양육되지 않은 구성원 간의 갈등이다. 만약 나의 권위자가 사울이라면 피해야 한다. 그러나 다만 나의 스타일에 맞지 않는 사람이라면 겸손하게 훈련해야 한다. 심각한 죄의 문제라면 성경의 원칙을 따라서 행동할 수 있다. 그러나 죄의 문제가 아니라 스타일이 문제라면 겸손하게 배워야 한다.

좋은 권위자 밑에서는 배울 것이 없다. 문제가 있는 권위자 밑에서 우리는 많은 것을 배우게 된다. 전도여행 팀을 파송할 때 훌륭한 리더가 이끄는 팀들은 비교적 즐겁게 전도여행을 한다. 별문제 없이 사역도 하고 은혜도 받는다. 그러나 서로 스타일이 맞지 않고 미숙한 리더와 멤버들이 같이 간 경우에는 격렬한 훈련이 일어난다. 어떤 경우에는 도중에 돌아오기도 한다. 사역자의 입장에서는 어느 한 명의 좋은 리더가 모든 일을 잘 처리해서 훌륭하게 마무리된 전도여행보다 조금 싸우는 전도여행이 좋다고 생각한다. 부딪혀야 자신의 문제가 무엇인지 알게 된다. 부딪히지 않고 좋은 강의만 듣고 자신이 큰사람이 된 줄 알면 안 된다.

정말 감당하기 힘든 사람들, 자신을 무시하는 사람과 함께 있으면서 배워야 제대로 훈련받았다고 할 수 있다. 훈련은 이처럼 최악의 사람과 함께 있는 것이다. 그래서 자신도 문제가 많다는 것을 알아 자기 의로움이 깨어지고 사역이 모든 상황에서 진실한 마음의 연결임을 알게 된다. 아주 소수만 졸업한다는 '깨어진 마음의 학교'를 졸업하는 것이다. 나의 의로움이 깨어지고 다른 사람의 깨어진 영역을 비난하지 않는 성숙한 사람이 되는 것이다.

몸을 먼저 생각하라

양육되지 않은 사람들은 그리스도의 몸의 필요보다 자신의 필요만을 위해 움직인다. 내가 불같이 화를 낼 때가 있다. 그리스도의 몸을 먼저 생각하지 않고 자신의 필요대로만 움직이고자 하는 사람들을 만날 때다. 연약하고 어려서 그렇다면 성장과 양육이 필요해서라고 이해할 수 있다. 그러나 충분히 그리스도의 몸을 알고 훈련된 상황에서도 그런 행동을 할 때는 참을 수 없다. 솔직히 아직 훈련되지 않고 양육을 제대로 받지 못해서 그렇게 행동한다 해도 쉽게 받을 수 있는 것은 아니다. 그런 사람은 반드시 훈련시켜야 한다고 생각한다.

우리 가정에는 가족으로 같이 있는 동안에 자신이 원한다고 다 할 수 있는 것은 아니라는 암묵적인 동의가 있다. 성식이가 한참 아플 때 아내는 정신없이 아들을 데리고 아동발달센터에 다니고 있었다. 같이 다니는 엄마들과 정보를 교환하면서 조금이라도 좋은 프로그램이 있다면 돈과 상관없이, 심지어 가족들의 상황과 상관없이 아들을 돕고 싶어 했다. 어느 날 아들과 딸이 같이 다니던 어린이집에서 딸아이가 조금 이상하다는 말을 들었다. 너무 짜증이 많고 예민하다는 것이다. 아내와 나는 거의 절망에 이르렀다.

'딸마저 이러면 어떻게 하나….'

아내와 차분하게 이야기하는 시간을 가졌다. 결론은 간단했다.

우리 가정은 아들을 치료하는 가정이 아니라는 것이다. 설사 아들에게 최선의 도움을 주지 못한다 하더라도 가족이 함께 있고 서로를 돌보는 것이 가장 중요하다는 결론이었다. 그때부터 우리는 아들을 치료하기 위한 가정이 아니라 서로를 돌보는 가정, 같이 있기만 해도 행복한 가정이 되도록 노력했다. 그런 결정을 내릴 때 부담이 있었던 것이 사실이다. 그러나 가족들이 함께 있고 충분한 시간을 갖는 것이 아들에게도 더 좋은 영향을 준다는 사실을 알게 되었다.

어느 날인가 희락이가 지나가는 말로 한마디 했다.

"나는 나중에 아빠처럼 살지 않을 거야."

"왜?"

"아빠는 전화가 오면 같이 밥 먹다가도 전화를 받아야 하니까."

그 다음부터 가족들과 식사를 할 때는 전화기를 꺼놓거나 전화가 와도 받지 않았다.

가정을 지키려면 자기가 하고 싶은 대로 해서는 안 된다. 그러면 가정을 깨트리게 된다. 그런 의미에서 가족들을 남겨두고 혼자 취미생활을 하는 것은 옳지 못하다. 서로의 삶에 너무 간섭하면 안 되겠지만 충분히 연결되어야 한다. 직장에서 내 일하다가 집에 와서 쉬는 시간에 자신의 취미생활을 하면 가족들과 언제 연결되는가?

예수 믿는 가정은 그리스도의 몸이다. 자신의 필요보다 가정의 필요를 먼저 생각하도록 훈련되어야 한다. 양육되고 길러져야 하는 것이다. 교회 공동체로 모였을 때 서로의 삶이 연결되고 영향을 준다는 것을 알아야 한다. 자신의 특정한 행동과 말이 다른 사람에게 영향을 주고 몸을 세우기도 하고 허물기도 한다. 자기 필요를 따라 자기 기분대로 행동해서는 안 된다. 몸을 먼저 생각하고 몸의 필요를 채우는 성숙한 제자가 되어야 한다.

훈련되고 양육되지 않은 사람들은 그리스도의 몸으로 연결되는 것을 부담스러워한다. 하지만 성경은 우리가 함께 지어져간다고 분명히 말해주고 있다.

> 오직 사랑 안에서 참된 것을 하여 범사에 그에게까지 자랄지라 그는 머리니 곧 그리스도라 그에게서 온 몸이 각 마디를 통하여 도움을 받음으로 연결되고 결합되어 각 지체의 분량대로 역사하여 그 몸을 자라게 하며 사랑 안에서 스스로 세우느니라 (엡 4:15,16)

그리스도의 장성한 분량까지 자라나는 것은 각 지체가 서로 연결되어 몸이 자라면서 가능하다. 혼자 큰 사람은 아무리 자신이 성숙한 것 같아도 온전함의 영역에서 상당한 문제들을 일으킨다. 온전함은 남의 연약함이 흘러와도 그것을 나의 문제로 받아서 함께 지어져가는 훈련이기 때문이다.

로렌 커닝햄이 쓴 《하나님 정말 당신이십니까?》에 보면 '칼라피 모알라'라는 지도자가 나온다. 남태평양의 섬에 전도여행을 갔던 로렌은 칼라피를 보자마자 하나님께서 그를 지도자로 부르신 줄 알았다. 그러나 칼라피는 결혼하고 나서 외도를 했고 결국 아내와 헤어지고 그리스도의 몸을 떠나게 되었다. 나중에 로렌이 칼라피를 찾는 과정이 비교적 자세하게 책에 기술되어 있다. 로렌은 술과 마약에 절어서 자신을 포기하라고 하나님께 요구하고 있던 칼라피를 하나님의 음성만을 듣고 찾아낸다. 칼라피는 술집에서 일하고 있던 부인과 다시 결합하고 나중에 깨어진 부부 관계를 회복하는 사역을 하게 된다.

공동체 안에는 자신의 깊은 죄까지도 나누고 같이 기도할 수 있는 연결과 회복된 후에도 자신의 죄를 감추지 않고 고백할 수 있는 투명함이 필요하다. 성령 안에서 연결된다는 것은 자신의 어두움에 대해서 정직한 것을 전제로 한다. 성령 안에서 그리스도의 몸으로 연결을 부담스러워하는 사람은 기질 탓도 있겠지만 자신의 문제가 드러나는 것이 두려운 사람일 수 있다. 문제는 자신의 숨기고 싶은 죄와 연약함에 대해서 투명하게 처리하지 않은 채로 교회 공동체 안에 있고 심지어 지도자가 되기도 하는 것이다.

초대교회는 거짓말했다고 죽는 공동체였다. 성령께서는 죄와 타협하지 않으신다. 죄를 지을 수 있지만 투명하게 고백하고 회개하여 새롭게 되어야만 공동체를 지킬 수 있다. 어떤 사람은 자신의 복음을 이야기하겠다고 하면서 교회 안에서 자신의 죄를 적나라하게 고백하여 공동체를 혼란스럽게 만들기도 한다. 지혜롭지 못하다. 그러나 지도자들이 죄에 대하여 불투명하게 처리하면서 몸을 지킬 수는 없다. 고백하고 용서받는 것이 맞다. 성령 안에서의 연결은 삶의 깊은 부분까지 함께 나눈다는 것이다.

사람은 스스로 죄를 이길 수 없다. 하나님께서 도와주셔야 한다. 하나님께서는 사람으로 하여금 거룩한 공동체, 즉 그리스도의 몸에 붙게 하여 죄와 어둠을 이기고 예수님을 닮아가도록 이끄신다. 내가 처음 예전단에 갔던 대학교 2학년 때 그 구분이 아주 명확했다. 혼자 있을 때는 음란한 공격에 시달렸지만 모임에 나가면 그 생각이 거짓말처럼 다스려졌다. 그 구분이 너무 분명해서 예전단은 군대와 같은 단체라서 보호가 강한 것 같다고 스스로 결론 내렸다. 지금 생각해보니 군대보다는 '건강한 공동체'라는 표현이 더 맞는 것 같다.

문제를 해결하기 위해 영적으로 성숙한 사람 찾지 말고, 문제를 해결해줄 공동체를 찾지 말고, 내가 속한 교회를 사랑하고 성령 안에서 연결하기를 멈추지 않는다면 회복은 자연스레 일어난다. 그것은 사람이 하는 일이 아니라 성령께서 하시는 일이기 때문이다.

연결이 부담스러운 사람들이 자신의 죄나 상처를 치유세미나를 통하여 해결하고 싶어 하는 것을 본다. 내적치유를 강의를 통하여 하는 것은 쉽지 않다. 상처받은 아이들도 건강한 가정에 입양되면 정서가 온전해지고 잘 자라듯이 우리는 그리스도의 몸에 붙어서 회복되어야 한다. 어느 교회나 성령의 인도하심에 순종한다면 성령께서 일하신다. 그리고 아주 특별한 경우가 아니라면 공동체 안에서 몸으로 연결되기만 해도 회복과 성장은 자연스럽게 일어난다.

CHAPTER 8
풍성한 열매를 맺는 삶

화평을 위한 희생

가정이나 직장, 교회가 화평하자면 누군가 희생해야 한다. 사람이 사는 곳에는 반드시 이해관계가 얽히게 된다. 모두가 똑같이 수고해서 똑같이 열매를 나누어 먹는 구조가 아니다. 반드시 불공평함이 생긴다. 그래서 원망이 생기고 공동체가 깨어지게 된다. 원수는 의도적으로 그렇게 공동체를 공격한다. 희생은 드러나지 않는다. 좋은 재상(宰相)이나 아내가 없어진 다음에 그의 가치를 알게 된다. 그동안 그 사람의 희생을 알지 못하면서 화평과 행복을 누리다가 그가 없어지니 희생도 없어져서 일이 안 되고 관계가 어려워질 때 비로소 그 사람의 희생의 섬김을 알게 된다.

성령으로 충만하면 희생을 즐기게 된다. 나의 희생으로 다른 사람들이 행복할 때 그는 즐겁다. 부모가 제일 듣기 좋은 소리는 '자식들이 맛있게 먹는 소리'라고 한다. 공동체를 위해 희생하면서도 즐거워할 수 있는 것은 그가 충만하기 때문이다. 충만한 사람은 공동체의 화평을 위해 기꺼이 자신을 희생한다. 그 사람이 있으면 공동체가 싸우지 않고 화평하게 된다.

각 선교단체가 연합하여 큰 행사를 치를 때였다. 모두가 적자를 염려하고 있었다. 회의는 각 단체들이 얼마씩 재정을 헌금하자는 쪽으로 진행되었다. 회의의 긴장감이 높아지고 있을 때 어느 단체가 천만 원을 헌금하기로 하면서 문제는 가라앉았다. 희생 없이는 화평이 오지 않는다. 성령으로 충만한 사람은 즐겁게 희생하고 화평을 살 수 있다.

전(前) YWAM 국제 책임자였던 플로이드 맥클랑에 관한 이야기를 들은 적이 있다. 인도에서 오랫동안 사역했던 선교사님이 플로이드와 함께 외국으로 강의를 가기 위해 비행기 티켓을 예매했는데 항공사 측 실수로 티켓이 없어지고 말았다. 항공사의 최종 의견은 없어진 티켓 비용을 반씩 부담하자는 것이었다. 플로이드는 그것을 받아들였다. 옆에 있던 선교사님이 당황해서 물었다.

"당신의 실수가 아닌데 왜 비용의 절반을 손해보십니까?"

플로이드는 이렇게 대답했다.

"나 자신이 손해를 봄으로써 화평을 사고 싶기 때문입니다."

내가 플로이드의 이러한 선택을 이해하기까지는 많은 시간이 필요했다. 이십 대 후반에 그 이야기를 들었는데 사십 대가 되어서야 이해하게 되었다.

화평이 얼마나 비싼지 알아야 한다. 작은 재정보다 화평이 더 소중하다. 하나님의 사람에게는 화평이라는 하나님의 성품이 어떤 것보다도 비싸기 때문에 재정적인 손해를 보더라도 화평을 사는 것이 더 이익이다. 화평이 돈보다 더 비싸다는 것을 영적으로 경험해야 돈으로 화평을 살 수 있다. 손해보지 않으려고 싸우면 화평을 잃는다. 그것은 더 비싼 것을 잃은 것이다. 위로부터 부어지는 화평의 소중함을 자주 경험해야 화평이 비싸다는 것을 알게 된다.

돈보다 성령님의 열매인 화평을 더 소중하게 여기는 사람은 하나님을 사랑하는 사람이며 영적으로 성숙한 사람이다. 육에 속한 사람에게 화평은 눈에 보이지 않는 것이고 소중하지도 않다. 성숙한 사람, 성령으로 충만한 사람은 화평을 안다. 화평을 경험하여 하나님을 닮아가고 사람들이 화평을 경험함으로써 얼마나 하나님의 자유함 가운데 들어갈 수 있는지를 안다. 또한 그는 그리스도의 공동체가 화평 가운데 연결되는 것이 무엇인지 알고 그것을 소중하게 여긴다. 화평한 공동체는 그냥 생기는 것이 아니다. 리더들의 즐거운 희생, 충만한 희생 위에서 존재하는 것이다.

아무 일에든지 다툼이나 허영으로 하지 말고 오직 겸손한 마음으로 각각 자기보다 남을 낫게 여기고 각각 자기 일을 돌볼 뿐더러 또한 각각 다른 사람들의 일을 돌보아 나의 기쁨을 충만하게 하라 (빌 2:3,4)

성령의 열매에 경쟁은 없다. 교회 안에서 경쟁은 금물이다. 원수는 누구든지 이 경쟁의 함정에 빠트리게 한다.

어느 교회에서 청년부 사역을 할 때였다. 매번 하는 말에 경쟁심이 묻어나는 한 형제가 있었다. 나중에 신학을 공부하고자 하는 형제였는데 설교를 듣고 은혜도 받았지만 나의 설교나 사역을 자주 평가하곤 했다. 후에 동료 사역자와 이야기하면서 그가 누구하고든지 경쟁하는 사람이라는 것을 알게 되었다. 그간 경험으로 미루어보건대 교회에서 무언가 하고 싶은 사람들은 설교에서 은혜를 받지 못한다. 설교자와 경쟁하고 있기 때문이다.

원수는 하나님과 경쟁하는 자였다. 그는 하나님처럼 되고 싶어 하고 지금도 그런 욕심을 숨기지 않는다. 우리는 원수를 대적해야 한다.

경쟁은 하나님나라의 원리가 아니다. 사랑의 효율성이 하나님나라의 원칙이다. 내 것을 내 것으로 여기지 않고 다른 사람을 위해 섬기는 것이 효율적이다. 불필요한 시간과 재정, 감정의 낭비를 막고 일을 효과적으로 되게 한다. 상대방의 욕심을 이해하면서 대화할 때 신경 써야 하는 감정과 시간, 재정의 낭비가 얼마나 심한가. 사랑은 효율적이고 욕심의 경쟁은 비효율적이다. 선의의 경쟁이라는 것이 존재하는가?

   기타노 다케시는 일본 최고의 코미디언이자 영화감독이다. 그가 쓴 《기타노 다케시의 생각 노트》를 읽은 적이 있다. 그가 한참 유명해지고 나서 어떤 사람이 코미디언으로 유명해졌다. 기타노 다케시는 그 사람이 좋은 코미디언이라는 것을 알고 있었기에 오랜 무명을 끝내고 막 유명해진 그를 축하해주었다. 그런데 기타노 다케시는 그가 만약 조금이라도 일찍 유명해져서 자신과 활동 시기가 겹쳤더라면 진심으로 축하하지 못했을 것이라고 고백했다. 자기가 충분히 코미디언으로 유명해진 후, 영화감독으로 더 유명해졌기 때문에 그를 진심으로 축하할 수 있었다고 솔직하게 말했다.

   사람은 다 그렇다. 그릇의 크기 문제가 아니다. 사람은 그런 것이다. 목사도 예외는 아니라고 생각한다. 그래서 성령 하나님께 순종하는 것이 절실하다. 자신에게 그런 욕심이 있는 줄도 모르고 마치 천사처럼 허공에서 신앙생활하고 있거나 그 욕심에 대한 반성도 없이 다른 사람과 공동체를 허물면 안 된다. 자신을 잘 알아야 한다. 자신의 생각보다 훨씬 문제가 많은 나를 하나님께 비추어야 한다. 그러면 내 문제가 보일 것이다.

환경에 좌우되지 않는 마음

교회 리더들을 훈련시킬 때 가장 중점을 두는 것이 즐거움이 줄어들지 않게 하는 것이다. 교회 지체 중 K는 착한 사람이다. 연봉이 높은 회사에서 몇 년 동안 받은 월급은 집안 빚을 갚고 형 공부 시키는 데 사용되었다. 자신은 용돈을 받아 썼다. 결혼할 때도 융자를 받아서 방 한 칸짜리 전세를 얻었다. 교제하는 자매가 결혼 후에 호주로 영어 연수를 가고 싶으니 재정을 지원해달라는 말에 그렇게 하겠다고 말하는 친구였다.

그가 언젠가 자신의 아픔을 이야기한 적이 있다. 어려서 시험을 보았는데 참 잘했다고 생각해서 오랜만에 쉬고 싶었는데 아버지가 그 정도로는 안 된다고 더 열심히 해야 하니 쉬지 말라고 한 말에 깊은 상처를 받았다는 것이었다. 그의 형은 항상 공부를 잘했고 자신은 형만큼은 아니었다. 아버지에게 인정받고 싶었으나 쉽지 않았다.

그는 일을 맡으면 즐거움이 사라진다. 잘해서 인정을 받고 싶은 욕구가 올라와서 즐겁게 해야 하는 일을 긴장 가운데 하게 된다. 일을 맡지 않았을 때의 착함과 사람에 대한 여유는 사라지고 자신이 맡은 일을 잘해내고 인정을 받아야 한다는 것에 시달린다.

교회 일은 잘해서 능력을 인정받는 그런 일이 아니다. 세상에서 실적을 내듯이 교회 안에서 사람들의 좋은 평판과 자신의 의로움을 나타내기 위해 일을 하는 것이 아니다. 언젠가 박영선 목사님의 《교회란 무엇인가》를 읽은 적이 있다. 교회의 일에 관한 설명 부분이 인상 깊었다. 교회 일은 열 명 정도가 할 수 있는 걸 삼십여 명이 번갈아가면서 즐겁게 하는 것이란다. 교회는 효율을 극대화해서 누가 잘했는지 따지고 포상하는 곳이 아니다. 사람들에게 인정받고 싶은 마음으로 경쟁하면서 일하는 것은 교회의 일이 아니다.

즐거움을 잃어버렸다는 것은 예수님과 공동체를 섬기는 마음이 아니라 자신이 얻기 원하는 무언가가 있다는 신호이다. 그것이 상처로부터 출발하든, 자신의 스타일이든, 직업적 상황이든, 즐거움을 잃어버린 것은 성령충만함을 잃어버린 것이다.

성령으로 충만한 것은 쉽고도 어렵다. 적절한 예인지 모르겠지만 그 충만함은 마치 환경이 오염되지 않은 계곡과 같다. 환경이 오염되지 않은 산골에서 맑은 물과 고기, 이끼는 당연하다. 맑은 물과 거기서 사는 고기 그리고 바위에 있는 이끼는 억지로 만든 것이 아니라 오염되지 않은 환경에서는 자연적인 것이다. 한마디로 흔한 것이다. 그러나 환경이 오염되기 시작하면 이것들이 순식간에 사라진다. 생태계가 한번 오염되면 회복은 아주 어려운 일이다. 파괴된 생태계는 새로운 질서로 재편된다. 악조건에서도 살아남을 수 있는 생물들로 대체된다.

충만함을 잃어버리면 나의 마음과 삶은 온갖 잘못된 가치들과 마음의 내용으로 가득하게 된다. 그 마음과 삶에서 나오는 것은 열매가 아니라 잡초이다. 자연스러움이나 즐거움이 아니라 악조건에서 살아남기 위해 지탱해온 마음과 삶의 내용인 것이다. 그걸로는 사람을 변화시킬 수 없다. 변화는 자연스러운 영향력으로 가능하다.

맑은 물과 깨끗한 환경에서 쉬어야 아픈 사람이 회복되듯이 나의 마음과 삶이 성령으로 충만해야 자연스럽게 즐거움이 흘러가고 다른 사람의 회복도 도울 수 있다. 성령의 열매를 경험하지 못하고 재생산하지 못하는 것은 적어도 교회에서는 의미가 없다. 상황이 어려워도 즐거움을 빼앗기지 않을 수 있다. 성경은 그렇게 해야 한다고 말한다.

비록 무화과나무가 무성하지 못하며 포도나무에 열매가 없으며 감람나무에 소출이 없으며 밭에 먹을 것이 없으며 우리에 양이 없으며 외양간에 소가 없을지라도 나는 여호와로 말미암아 즐거워하며 나의 구원의 하나님으로 말미암아 기뻐하리로다 주 여호와는 나의 힘이시라 나의 발을 사슴과 같게 하사 나를 나의 높은 곳으로 다니게 하시리로다 (합 3:17-19)

어려울 때 어렵고, 좋을 때 좋은 것은 충만한 삶이 아니다. 상황이 어렵든 좋든 하나님으로 말미암아 즐거울 수 있는 것이 성령으로 충만한 삶이다. 상황이 어려워서 즐거움을 잃어버린 것을 당연하다고 생각하지 마라. 상황이 어려운 것이 문제가 아니라 내 안에 즐거움이 사라진 것이 더 문제다. 마음과 삶에 즐거움이 없는데 어찌 믿음이 있겠는가? 삶이 어려워도 성령으로 충만하여 즐거움을 잃지 않는다면 훈련이 끝난 것이다. 열매가 풍성한 삶이다. 환경을 따라 마음과 삶이 왔다갔다하는 사람은 훈련이 진행 중인 사람이다.

삶이 어려워지면 모든 사람이 힘들다. 그러나 훈련되어 성령으로 충만한 사람은 어려움 속에서도 성령 하나님의 인도하심을 따라 자신의 삶을 이끌고 성령의 열매로 자신을 지킨다. 우리는 즐거운 사람과 같이 있고 싶어 한다. 혼자 있어도 즐거운 사람은 반드시 같이 있는 사람이 많아진다. 어려워도 즐거움을 빼앗기지 않는 사람은 모든 사람에게 감동을 준다.

〈슈퍼스타K 2〉(평범한 사람들이 가수를 꿈꾸며 서바이벌로 대결을 벌이는 TV 프로그램 - 편집자 주)를 보면서 '허각'이라는 청년을 응원했다. 그의 가정은 행복하지 않았고, 그는 백화점 앞 길거리 무대나 작은 행사에서 노래를 부르고 각종 아르바이트를 하면서 살았다. 그의 노래에는 깊은 응어리가 있다. 그러나 그에게서 즐거운 유머를 본다. 어려운 삶이지만 즐거움으로 자신을 지켜온 것이다.

그리스도인은 아무리 어려워도 성령으로 충만하며 작은 일상에서 느끼는 소소한 즐거움으로 자신을 지킬 수 있다. 어려움으로 삶이 파괴된 사람은 즐거움이 없다. 마음의 어려움이 마음과 삶을 붙잡아서 즐거움을 잃어버리게 만드는 것이다. 영혼이 풍성하고 즐거워야 삶이 풍성하고 즐거워진다.

> 마른 떡 한 조각만 있고도 화목하는 것이 제육이 집에 가득하고도 다투는 것보다 나으니라 (잠 17:1)

마른 떡 한 조각으로도 화목할 수 있는 것은 하나님이 주신 은혜가 충만할 때 가능하다. 사람은 당장 눈에 보이지 않고 자신의 입을 만족시켜주지 않으면 불평과 불만을 나타내는 존재다. 그런 사람이 만약 마른 떡 한 조각으로 화목할 수 있다면 성령으로 충만한 것이다. 사람이 낙천적이어서 즐거운 것이 아니다. 상황이 어려워도 즐거워할 수 있는 사람은 아주 드물다. 우리의 관심은 낙천적인 사람이 되는 데 있지 않다. 그것은 신앙 밖에서 이야기할 일이다. 성격이 좋든 나쁘든 예수님을 믿고 성령으로 충만한 사람은 자신의 성품이 아닌 하나님의 성품이 임한다. 그래서 베드로 사도는 우리가 신성한 성품, 신의 성품, 신의 본성에 참여하는 사람들이라고 했다.

그의 신기한 능력으로 생명과 경건에 속한 모든 것을 우리에게 주셨으니 이는 자기의 영광과 덕으로써 우리를 부르신 이를 앎으로 말미암음이라 이로써 그 보배롭고 지극히 큰 약속을 우리에게 주사 이 약속으로 말미암아 너희가 정욕 때문에 세상에서 썩어질 것을 피하여 **신성한 성품에 참여하는 자가** 되게 하려 하셨느니라 (벧후 1:3,4)

참을 수 없을 때 참는 힘

자신은 사랑하고 섬기는데 그것을 이용할 때, 억울하게 누명을 썼다고 느낄 때, 나의 수고가 정당하게 평가받지 못할 때, 해준 것은 없으면서 당당하게 요구할 때, 함께 수고했는데 누군가 공(功)을 독차지할 때가 있다. 이런 경우는 참으로 견디기 힘들다. 그러나 참을 수 없을 때 참는 것이 대단한 것이다. 이것은 사람의 힘이 아니라 성령께서 주신 충만함으로 가능하다.

사람이 자신의 힘으로 참으면 반드시 마음 어딘가에 고장이 난다. 참기 힘든 상황을 참는 것이 어떤 안 좋은 상황을 만들었는지 모든 메커니즘을 분석할 수 없지만 정신적으로 어려움이 일어나는 것은 분명하다. 마음이 고장 나는 것이다. 마음이 고장 나도 얼마든지 살 수 있다. 다만 하나님의 좋으신 성품이 내 삶에 없을 뿐이다. 보통은 성령의 충만함 없이도 산다. 그러나 한번 충만함을 경험한 사람들은 성령의 충만함 없이는 살 수 없다. 나를 고통스럽게 하는 상황에서 스스로 참는 것은 마음에 고장을 일으키지만 성령의 열매로써 오래 참는 것은 나를 더 성숙하게 만들어준다.

눈에 보이지 않는 영역이라서 말하기 힘들지만 일단 성령의 능력으로 참는 사람은 마음이 고장 나지 않는다. 손양원 목사님이 아들을 죽인 원수를 용서한 것은 인간적인 성품이 아니라 하나님의 성품이다. 부당함을 참는 것은 성령의 열매이다. 성령의 열매가 사람에게 맺히는 것이므로 성령의 열매를 풍성하게 나타내는 사람을 존중해야 한다. 그러나 그것은 근본적으로 사람의 것이 아니라 성령 하나님의 것이다. 사람마다 부당한 경우를 참는 데 편차가 있다. 그러나 성령 하나님의 열매가 삶에 나타나기 시작하면 자신의 성품이 아닌 성령의 열매로써 오래 참을 수 있게 된다.

한번은 조카네 식구들과 식사를 했다. 조카네 아이들과 우리 아이들은 연령이 같다. 조카는 힘들게 직장생활을 하면서 남편과 아이들을 기르고 있다. 남이 보기에 좋은 직장에 다니지만 직장생활을 하면서 가정을 섬기기에 지쳐 보이는 것도 사실이다. 어느 날인가 만나서 식사를 하는데 한강이 자신을 부르는 것 같아서 몸이 저절로 강 쪽으로 갔다는 말을 듣고 슬픈 마음으로 기도했던 적이 있다. 후에 조카는 삼촌과 가까이 살고 싶다고 우리 집 근처로 이사를 왔다.

나의 기대와 달리 아이들은 서로 티격태격하고 부모들도 조금씩 긴장한다. 탕수육 대(大) 사이즈를 두 접시에 나눠달라고 했는데 세 접시가 나왔다. 한참 먹고 있는데 잘못 나왔다고 종업원이 대놓고 불평을 한다. 다른 곳에 가야 할 탕수육이 우리에게 온 모양이다. 큰맘 먹고 깐소새우를 시켰는데 깐풍새우가 나왔다. 아이들이 한 명씩 돌아가면서 음식이 입맛에 맞는지 안 맞는지 말할 때마다 다독거리면서 따뜻하게 식사하기가 쉽지 않다. 종업원에게 말한다.

"나중에 계산할 때 더 온 탕수육 값을 드릴게요."

"정말요?"

종업원이 반색한다. 식사를 마치고 아들과 함께 짧은 버스 여행을 하고 집으로 왔다. 조금 더 능숙하고 성령충만하게 했으면 좋았을 걸 하는 아쉬움이 든다. 조카 가족을 따뜻하게 품어줄 수 있다면 하나님이 주시는 위로가 조카네 가정에 흘러갔을 텐데….

원수는 참을 수 없는 분위기를 만들어서 소중한 관계를 깨트린다. 그동안 살아오면서 소중한 관계가 원수의 공격에 의해 깨어진 걸 수없이 봤다. 영적으로 관계를 맺을수록 더 그런 것 같다. 그냥 인간적인 관계는 성령의 능력으로 성장하는 관계가 아니라서 방해가 덜하다. 그러나 하나님의 성품으로 돌보는 관계가 되면 늘 원수의 공격에 시달린다.

소중한 관계를 향한 원수의 공격을 받아보지 않은 사람이 오래 참음을 이야기할 수 없다. 오래 참음은 소중한 관계를 깨트리고자 하는 부당한 원수의 공격에 대해서도 참을 수 있게 한다. 조카 식구들과 함께 식사하면서 성령충만함이 흘러갔으면 좋겠고, 실수한 종업원이 식사를 방해해도 위로받았으면 좋겠고, 칠리소스에 달콤한 깐소새우가 아니라 간장소스에 매콤한 깐풍새우가 나왔을 때도 행복했으면 좋겠다.

그 모든 상황을 즐겁게 받아들이는 오래 참음은 성령의 열매이다. 그날은 무사히 식사를 마쳤다는 안도함 수준이었다. 기말고사가 끝나면 맛있는 뷔페에 가자고 약속했다. 우리의 모든 식사와 교제가 성령 하나님이 주시는 열매로 풍성하기를 바란다.

친절 훈련

한동안 받은 훈련은 아주 피곤한 상황 가운데서도 친절함을 지키는 것이었다. 아들이 태어났을 때 난 친절하지 않았다. 아들이 많이 귀엽고 좋았지만 일하고 피곤한 몸으로 집에 왔을 때 아이가 울면서 매달리면 마음이 많이 힘들었다. 마음속에서 그런 소리가 나왔다.

'왜 나를 이렇게 힘들게 하니?'

나는 아버지가 아니었다. 아들에게 친절하지 못했던 나는 아들이 점점 안 좋아지고 있을 때도 불친절함을 고치지 못하고 있었다. 아들의 상황이 좋지 않아 치료를 받아야 했을 때 나는 충격을 받았고 나의 불친절함을 뼈저리게 반성해야만 했다. 아들의 상황에 너무 놀란 나는 이후 아들 이야기만 나와도 무조건 친절하게 행동해야 한다는 강박감이 생기게 되었다. 아들의 발달이 늦어진 것이 모두 나의 불친절함 때문이라는 깊은 자책감에 한참을 시달렸다. 하나님께서 그런 것이 아니라고 여러 번 확인해주시고 뇌의 문제라는 것을 알고 나서야 겨우 진정할 수 있었다. 그래도 아들에게 충분히 친절하지 못했던 지난 시간이 떠오르면 마음이 많이 슬퍼진다.

아들을 본격적으로 돌보기 시작하면서 아들을 위해서라면 뭐든지 할 각오로 섬겼다. 지방에 강의하러 다녀와서 피곤한 몸이라도 아들이 원하는 것이라면 무엇이든 했다.

아들은 버스 타는 것을 좋아했는데 부산에서 강의하고 새벽에 들어와도 아침에 아들과 버스 여행을 나가곤 했다. 아침부터 저녁까지 버스를 타고 돌아다니는 것이다. 아들은 아빠가 오면 어떻게 버스 여행을 할지 미리 계획을 짜놓는다. 나는 아들을 따라다닌다. 버스 타고 가다가 심심하면 편의점에 들러서 컵라면이나 아이스크림을 사먹고 다시 버스를 타고 돌아다닌다. 아들이 가고 싶은 곳이라면 어디든 간다. 아침에 나갈 때 아내가 "당신 너무 고생한다"라고 하면서 눈물을 보인다.

친절함은 피를 쏟아서 얻게 되는 열매이다. 아들은 나의 친절함을 먹는다. 우리는 버스를 타고 가다가 이런저런 이야기를 하며 친구가 되어간다. 어깨동무를 하고 서로 기대면서 돌아다닌다. 아들은 점점 좋아진다. 한때 아들이 우상이 되어서는 안 된다고 일부러 조심했던 기억이 있다. 우습다. 친절하게 섬기지도 않고 소중하게 사랑하지 않으면서 무슨 우상인가! 아들을 깊이 사랑하고 모든 상황에서 친절하게 돕는 어느 순간, 하나님이 마음을 부어주신다.

'길아, 네 아들에게 하듯이 모든 사람에게 해라.'

내 친절은 확장되고 있다. 그러나 그에 따라 고통도 커지고 있다. 불특정 다수에게 어떻게 친절한단 말인가! 더구나 하나님이 훈련시키실 때는 가끔 '홍수 효과'가 동원되는데 정말 힘들다. 홍수 효과란 친절함을 훈련시키기 위해 꼭 친절해야만 하는 상황이 홍수처럼 밀려오는 것이다.

저녁 늦은 시간에 강의를 끝내고 집으로 돌아가는 길은 피곤하기 그지없다. 그런 저녁에 버스를 타고 집으로 가는 길은 너무 고통스럽다. 몸과 마음도 힘든데 저녁 늦은 시간의 버스는 사람들이 가득차고 술 냄새로 숨을 쉬기가 어렵기 때문이다. 가끔 술 취한 사람들이 갑자기 토하기도 한다.

버스 창가 쪽 자리에 앉으면 몸이 심하게 압박감을 느낀다. 바깥쪽 자리에 앉으면 통로 쪽으로 발을 뻗을 수 있어서 조금 숨통이 트인다. 앞자리나 뒷자리는 불편하고 바퀴가 없는 중간이라야 흔들림이 적어서 조금이라도 편하게 갈 수 있다. 다행스럽게 버스 중간에 그것도 바깥쪽 자리에 앉아서 가는 날, 나는 최악의 사람을 만났다. 한 남자가 술에 취해서 내가 앉은 자리 옆에 기대고 선 것이다. 술에 취한 얼굴과 몸이 내 쪽으로 쓰러지듯 균형을 잃는다. 나는 등받이를 그에게 내주고 몸을 최대한 앞으로 굽혀 앉는다. 그런데도 그 사람은 계속 내 쪽으로 몸을 기댄다. 할 수 없이 그 사람을 두어 번 밀었더니 갑자기 술에서 깬 표정의 그가 큰 소리로 말한다.

"아니, 사람이 이렇게 정이 없어서 되겠나! 술에 취해서 비틀거리는 사람을 왜 밀어?"

도리어 나에게 큰소리다. 나는 한마디 대꾸도 못하고 결국 그 사람이 내릴 때 따라내려서 따진다.

"내가 당신에게 등받이를 내주었잖아요."

버스 속에서 그렇게 나를 망신주던 사람은 이미 다른 이야기를 하고 있다. 대화는 되지 않고 나만 나쁜 사람이 된다. 창피하고 수치스러웠다. 훈련으로 받아들이고 그냥 집으로 갔어야 했다.

극도로 피곤할 때 친절하게 행동하지 않으면 원수가 기회를 갖는다. 내가 잘못하지 않았어도 친절하지 않으면 성령께서 근심하시므로 상황은 어려워지고 나는 불리해진다.

수모를 참고 친절을 행하면 원수를 물리칠 수 있다. 그것은 원수를 무너뜨리는 결정적인 공격 무기이다. 예수님은 십자가를 지실 때 모든 수모를 참으셨다. 그리고 그들을 용서하셨다. 복수하지 않으셨다. 친절은 복수하지 않는 것이다. 지금 생각하면 그때 버스에서 충분히 자리를 양보할 수 있었다는 생각이 든다. 지금 만약 그런 상황이 벌어진다면 난 백퍼센트 자리를 양보하고 서서 갈 것이다. 훈련을 버티면 상처받고 순종을 결심하게 된다.

한번은 양평 어디선가 강의를 하고 밤늦은 시간에 건대 입구에서 버스를 기다리고 있었다. 힘든 강의로 인해 지친 상태였다. 어묵을 하나 사서 먹고 허기진 배를 달래면서 버스를 기다렸다. 저녁을 먹어도 강의가 끝나고 나면 허기진다. 잘한 것은 하나도 기억나지 않고 오직 실수한 것과 사람들이 불편해했던 기억만 떠오른다. 역시나 버스는 만원이다. 하나님은 택시를 타라고 권면하시는 것 같다.

'그래, 택시를 타자.'

성남 택시를 고른다. 성남 택시가 가장 싸고 서울에서 들어가는 택시라서 기사님이 더 친절하다. 그러나 성남 택시가 없어서 서울 택시를 탔다. 고속도로를 타고 빠르게 집으로 향한다. 집에 도착할 때쯤 택시비가 17000원 정도 나왔다. 2만 원을 드려야겠다고 생각하는데 마음에 3만 원을 주어야 한다는 부담감이 올라온다.

'나와 앞으로 평생 만날 일이 없을 것 같은 기사님에게 아무 이유 없이 어찌 3만 원을 드린단 말인가.'

갈등하는 사이에 택시가 집 앞에 도착한다. 도착할 무렵 기사님이 탄식 같은 작은 소리로 한마디 하신다.

"서울 가는 콜 하나 걸렸으면 좋겠다."

빈 택시로 가지 않고 서울 손님 데리고 가고 싶다는 소망. 왜 하나님께서 3만 원을 주라고 하셨는지 깨닫는다. 돈을 주고 내린다. 하나님이 보고 계신다는 강한 느낌이 든다.

열매와 능력을 흘려보내라

은사는 받은 즉시 나타난다. 그러나 열매는 시간이 걸린다. 왜냐하면 열매는 성령 하나님의 인도하심 아래 오랜 시간 훈련을 통하여 연단된 인격의 내용이기 때문이다. 많은 사람들이 인격이 좋아지기보다 은사가 나타나서 빨리 큰 사역을 하기 원한다. 가끔 그런 사람들을 만나면서 점점 사역은 커지는데 사람은 전만 못해지는 것을 느낀다.

성령의 열매를 맺기 원하는 사람들은 만나면 느낌이 있다. 그동안 얼마나 하나님 닮기 위해 애쓰고 수고했는지 말과 행동 그리고 나누는 삶의 내용에서 드러난다. 잠깐 만났다 헤어져도 서로 느낄 수 있다. 그 사람이 점점 하나님을 닮아가고 있는지 아니면 훈련을 멈추고 눈에 보이지 않는 성령의 열매 대신 눈에 보이는 무언가에 붙잡혀서 허둥대고 있는지를….

열매를 맺는 사람은 늘 좋은 상태를 유지한다. 좋은 상태라는 것은 먼저 하나님과의 친밀한 관계를 말한다. 그 사람을 보았을 때 하나님께서 그 사람을 좋아하신다는 느낌이 드는 것이다. 어떤 사람은 특별히 나에게 잘못한 것도 없는데 기분이 나쁘고 같이 있고 싶지 않은 사람이 있다. 반면에 나랑 친하지 않고 잘 알지 못해도 하나님이 기뻐하시는 사람은 알 수 있다. 나도 그 사람이 좋게 보이고 좋아지는 것이다. 말과 행동에서 하나님 닮은 무언가 좋은 것을 느낄 수 있다. 감동이 있는 것이다. 진정한 기름부음은 감동과 변화이다. 열매를 통한 사역은 사람들을 감동시킨다. 감동도 없고 변화도 없으면 기름부음이 없는 것이다. 다른 사람이 나의 말과 행동을 통하여 예수님을 느껴서 감동하고 변화가 일어나야 한다.

기분이 좋지 않고 마음이 어려웠는데 믿음이 좋은 사람을 만나서 마음이 바뀐 적이 있는가? 있다면 내가 그 사람이 맺은 열매를 먹은 것이다. 나의 기분이 좋지 않은데 성령의 열매를 맺은 사람을 만나서 그가 맺은 열매를 먹음으로써 나의 마음에 변화가 일어난 것이다. 어떤 일을 할 때 구성원 모두가 지쳐 있고 힘이 빠졌는데 성령충만한 지도자가 와서 격려하고 일을 진행하면 사람들이 다시 힘을 얻는다. 이 경우도 사람들이 그 지도자가 맺은 열매를 먹은 것이다.

상황의 반전은 열매로 가능하다. 모두가 신실함을 잃어버렸을 때 신실함의 열매를 맺은 지도자가 신실하게 행동하고 말하면 모든 사람은 그 지도자를 통하여 신실함을 먹고 다시 하나님 앞에서 신실하게 행동하게 된다.

모세가 그런 사람이다. 이스라엘 백성들은 신실함이 없었다. 그들은 노예생활에서 벗어날 때는 하나님을 찬양했지만 물이 없을 때는 하나님을 원망했다. 심지어 모세를 죽이고자 했다. 그런 상황에서도 모세는 하나님 앞에서 신실하게 행동했고 백성들을 신실한 사람들로 변화시켰다. 이스라엘 백성들이 많은 경우에 신실함이 없이 행동했지만 적어도 모세의 지도력을 부정하지는 않았다. 자신들의 삶이 충분히 신실하지 않았지만 모세의 가르침에 대해서는 존중했던 것이다.

열매가 풍성해지면 열매를 먹는 사람들이 많아진다. 열매를 맺은 사람이 점점 중요해지고 영향력이 커지는 것이다. 사무엘처럼 그의 말이 땅에 떨어지지 않고 좋은 영향력으로 힘을 발휘하게 되는 것이다. 열매를 맺은 사람들의 말은 하나님께서도 귀하게 여기시고 주의 깊게 들으신다. 아울러 사람들도 그의 말과 행동에 영향을 받고 태도가 달라진다. 새사람이 되는 것이다. 비록 자주 넘어지고 다시 옛 사람이 나온다 해도 염려하지 말고 성령 하나님의 인도하심을 계속 구하면서 순종하며 나아가야 한다. 반드시 승리하고 열매와 능력이 자연스레 흘러가는 날을 볼 것이다.

에필로그

영혼을 향한
하나님의
마음을 알라

하나님의 얼굴을 피함

요나는 하나님의 메시지를 받은 사람이었다. 그는 니느웨로 가서 하나님이 말씀하시는 것을 대언해야 했다. 그러나 하나님의 얼굴을 피하여 니느웨가 아닌 다시스로 도망갔다.

요나만 메시지를 받은 것이 아니다. 우리도 예수님의 명령을 받은 사람들이다.

또 이르시되 이같이 그리스도가 고난을 받고 제삼일에 죽은 자 가운데서 살아날 것과 또 그의 이름으로 죄 사함을 받게 하는 회개가 예루살렘에서 시작하여 모든 족속에게 전파될 것이 기록되었으니 너희는

이 모든 일의 증인이라 (눅 24:46-48)

요나만 하나님의 얼굴을 피한 것이 아니다. 우리도 하나님의 얼굴을 피했을 수 있다. 내가 언제 하나님의 얼굴을 피했냐고 하지 마라. 증인된 사명을 잘 감당하지 못했으면 하나님의 얼굴을 피하고 있는 것이다. 누군가 나의 얼굴을 피한다면 괴로울 것이다. 하나님의 괴로움을 이해할 수 있어야 한다. 모든 족속으로 제자 삼으라는 예수님의 부탁을 외면하고 살고 있다면 그 삶은 권능을 잃어버린 것이다.

성도의 삶에 힘이 없는 이유는 예수님의 증인으로서 사명을 감당하지 않기 때문이다. 본래 권능이라는 것은 예수님을 증거하기 위해 주어지는 것이기 때문이다. 증인으로 살지 않는 사람에게 권능이 무슨 소용인가.

사공들이 두려워하여 각각 자기의 신(神)을 부르고 또 배를 가볍게 하려고 그 가운데 물건들을 바다에 던지니라 그러나 요나는 배 밑층에 내려가서 누워 깊이 잠이 든지라 (욘 1:5)

요나가 하나님의 얼굴을 피했을 때 하나님은 폭풍을 보내셨다. 하나님은 사랑하시는 사람에게만 폭풍을 보내신다. 보통은 자신의 욕심대로 하다가 인생이 망가진다. 폭풍이 아무에게나 오는 것이 아니다. 히브리서에도 하나님은 그가 받으시는 아들마다 채찍질하신다고 한다. 그러니 맞을 때 너무 어려워하지 말라고 하신다. 하나님의 얼굴을 피하고 잠이 든 사람에게 폭풍이 오는 것은 하나님의 사랑이다. 하나님이 보내신 폭풍이 요나를 죽이겠다는 것이 아니다. 그것은 다시 요나로 하여금 사명을 회복하고 권능 있는 증인으로 살도록 하시겠다는 하나님의 사랑임을 우리는 알고 있다.

폭풍이 몰려올 때 요나는 정신을 차린다. 뱃사람들이 요나에게 어떻게 하면 폭풍이 잠잠해지겠냐고 물었다. 요나의 대답은 정직하고 진실하다.

그가 대답하되 나를 들어 바다에 던지라 그리하면 바다가 너희를 위하여 잔잔하리라 너희가 이 큰 폭풍을 만난 것이 나 때문인 줄을 내가 아노라 하니라 (욘 1:12)

요나는 바다에 던져졌고 물고기 배 속으로 들어갔다.

내가 말하기를 내가 주의 목전에서 쫓겨났을지라도 다시 주의 성전을 바라보겠다 하였나이다 물이 나를 영혼까지 둘렀사오며 깊음이 나를

에워싸고 바다 풀이 내 머리를 감쌌나이다 (욘 2:4,5)

주의 목전에서 쫓겨난 하나님의 사람, 권능을 잃어버린 증인, 요나는 바다풀을 뒤집어쓰고 고기 배 속에 갇혀 있었다. 이 모든 것이 사명을 잊어버린 삶의 시도로부터 시작되었다. 사명을 망각하고 하나님의 인도하심을 놓쳐버린 삶은 고기 배 속으로 들어가게 한다. 어제까지 당당한 하나님의 사람이었다 할지라도 오늘 사명을 잊고 자신이 원하는 것을 하면서 하나님의 인도하심을 놓치면 이렇게 된다. 도무지 가능성이라고는 보이지 않는 사망의 굴속으로 들어가는 것이다.

회복

요나는 고기 배 속에서 회복된다. 그는 거기서 하나님이 들어주시는 기도를 했다.

내 영혼이 내 속에서 피곤할 때에 내가 여호와를 생각하였더니 내 기도가 주께 이르렀사오며 주의 성전에 미쳤나이다 (욘 2:7)

하나님은 사명의 자리에서 권능을 준비해놓고 우리를 기다리고 계신다. 학벌이나 부(富)나 뛰어난 외모가 아니어도 권능이 충만한 사명자의 삶을 사는 한 아무도 우리를 막을 수는 없다. 권능이 부족해서 늘 실수할지라도 하나님이 나와 함께하신다면 두려울 것이 없다. 그러나 반대로 하나님을 잃어버린다면 아무것도 없는 것이 된다. 요나는 그런 삶의 무서움을 알았어야 했다. 그는 고기 배 속에서 비로소 하나님의 얼굴을 구하기 시작했다. 다행히도 그는 어떻게 주님께 돌아가야 하는지를 알고 있었다.

사울처럼 돌아가는 방법을 모르는 사람들이 많다. 그는 실수했다. 하지만 실수보다 더 큰 문제는 실수를 해결하는 방법을 모르는 것이다. 사울은 하나님이 어떻게 하면 자신을 다시 받아주실 수 있는지에 대해서 알지 못했다. 그러나 요나는 돌아갔다.

고기 배 속에서 요나의 영혼은 피곤하다. 하나님이 계시지 않는 삶은 피곤하다. 도무지 쉴 수 없다. 하나님과 함께 있어도 쉬지 못하는 것 같은 때가 있다. 원수가 심하게 괴롭힐 때이다. 그러나 그런 상황은 힘들지언정 두렵거나 적막하지는 않다. 그러나 하나님이 함께하시지 않을 때는 방해도 없고 승리도 없는 적막함이 나를 둘러싼다. 나는 때로 특별한 이유를 알지 못한 채 그런 적막함을 느낄 때가 있다. 하나님이 함께하시지 않는 영혼의 곤고함이다. 내 영혼의 깊은 밤이 오면 다시 겸손해야 한다. 오직 하나님만 나를 살리실 수 있다는 것을 알고 돌아가서 하나님이 들으실 만한 말을 해야 한다.

'어떻게 하면 하나님이 나를 다시 받아주실 것인가.'

어떤 사람은 영영 돌아가지 못하거나 더 이상 기름부음이 나타나지 않게 된다. 버림받은 영혼의 곤고함을 경험하게 되는 것이다.

조국 교회는 돌아가야 한다. 지금 고기 배 속에 있다는 것을 알아야 한다.

> 거짓되고 헛된 것을 숭상하는 모든 자는 자기에게 베푸신 은혜를 버렸사오나 나는 감사하는 목소리로 주께 제사를 드리며 나의 서원을 주께 갚겠나이다 구원은 여호와께 속하였나이다 하니라 (욘 2:8,9)

거짓되고 헛된 것을 숭상하는 사람은 은혜를 버린다. 눈물어린 하나님과의 소중한 관계를 버린다. 사람들 사이에서 높아지는 것이 무엇이며 높은 성을 쌓는 것이 뭐길래 하나님과의 소중한 관계를 버리는가. 은혜가 없어도 돈이 있으면 살 수 있다고 생각하는가.

회복은 은혜를 다시 가장 소중하게 여길 때 일어난다. 은혜가 가장 소중하고 하나님이 가장 소중하다고 고백하는 사람은 반드시 회복된다.

내가 가령 주려도 네게 이르지 아니할 것은 세계와 거기에 충만한 것이 내 것임이로다 내가 수소의 고기를 먹으며 염소의 피를 마시겠느냐 감사로 하나님께 제사를 드리며 지존하신 이에게 네 서원을 갚으며 환난 날에 나를 부르라 내가 너를 건지리니 네가 나를 영화롭게 하리로다 (시 50:12-15)

하나님은 주려도 우리에게 무얼 달라고 하지 않으신다. 세계가 하나님의 것이기 때문이다. 하나님이 원하시는 것은 감사로 제사를 드리는 것이다(시 50:23). 조금 어렵고 힘들어도 감사로 제사를 지내겠다는 약속을 지키자. 삶이 좋으면 감사하고 어려울 때 감사의 약속을 쉽게 버리는 것은 하나님을 고통스럽게 한다. 누군가 나와의 소중한 약속을 자신의 형편에 따라 쉽게 뒤집을 때 고통스러웠던 적이 있을 것이다. 그 관계가 소중할수록 더 고통스럽다. 아버지로서 왜 아들과 딸에게 한 약속을 꼭 지키려고 하는가. 소중한 사람이 약속을 쉽게 버릴 때 마음이 아려오는 고통을 알기 때문이다.

요나는 고기 배 속에서 하나님께 감사했다. 하나님은 고통 속에 있는 사람이 하나님을 부르며 감사할 때 그를 건지시고 영광을 받으신다. 하나님은 살찐 소를 원하시는 것이 아니라 고기 배 속에서 감사하는 사람의 마음을 원하신다. 그가 그의 고통에서 하나님밖에 없다고 고백하는 깊은 진정을 통해 영광을 받으시는 것이다. 과부의 두 렙돈처럼 삶의 전부를 드리는 자녀의 소중한 마음을 통해 하나님은 영광을 받으신다.

여호와께서 그 물고기에게 말씀하시매 요나를 육지에 토하니라 (욘 2:10)

어두운 굴속에서 나오고 싶다면, 권능을 회복하고 싶다면, 아무것도 두려울 것 없는 빛나는 삶을 다시 살기 원한다면, 피곤한 영혼이 회복을 원한다면 요나처럼 기도해야 한다.

두 번째 부르심

고기 배 속에서 나온 요나에게 지체 없는 두 번째 하나님의 명령이 하달된다.

여호와의 말씀이 두 번째로 요나에게 임하니라 이르시되 일어나 저 큰 성읍 니느웨로 가서 내가 네게 명한 바를 그들에게 선포하라 하신지라 (욘 3:1,2)

사명을 이루기까지 하나님은 쉬지 않으신다. 편하게 살고 싶으면 권능을 구하지 말고 고기 배 속으로 들어가면 된다.

다만 알 것은 그곳에는 영원히 빛을 보지 못하는 삶이 기다리고 있다는 사실이다.

요나는 하나님의 명령에 순종하여 갔고 말씀을 선포했다. 니느웨 사람들은 회개했다. 이것이 요나의 마음에 어려움이 되었다.

요나가 매우 싫어하고 성내며 (욘 4:1)

요나가 배짱이 대단한 건지 아니면 하나님과 엄청 친밀한 건지 모르겠다. 나 같으면 두 번 다시 이런 행동은 하지 않겠다. 아무래도 요나는 나보다 하나님과 더 친밀한 것 같다. 그는 하나님의 사랑을 받았고, 하나님은 요나를 친절하게 가르치신다.

하나님이 요나에게 이르시되 네가 이 박넝쿨로 말미암아 성내는 것이 어찌 옳으냐 하시니 그가 대답하되 내가 성내어 죽기까지 할지라도 옳으니이다 하니라 여호와께서 이르시되 네가 수고도 아니하였고 재배도 아니하였고 하룻밤에 났다가 하룻밤에 말라버린 이 박넝쿨을 아꼈거든 하물며 이 큰 성읍 니느웨에는 좌우를 분변하지 못하는 자가 십이만여 명이요 가축도 많이 있나니 내가 어찌 아끼지 아니하겠느냐 하시니라 (욘 4:9-11)

"어찌 아끼지 아니하겠느냐."

요나서는 이렇게 끝난다. 요나가 영혼을 아끼시는 하나님의 마음을 받고 권능이 충만해져서 놀라운 부흥이 왔다는 기록은 없다. 이것이 성경의 무서움이자 놀라움이다. 사람을 향한 기록이 아니라 철저히 하나님을 위한 기록이다. 하나님은 영혼을 아끼신다. 영혼을 위해 피를 흘리신다. 그리고 우리가 그런 하나님의 마음을 알기 원하신다. 영혼을 향한 하나님의 피 흘리심을 기억하고 영혼을 아끼는 하나님의 마음을 알아서 하나님을 증언하는 사람들을 찾으신다. 나를 사랑하신 하나님의 얼굴을 피할 수 없다는 마음. 이것이 내가 하나님 앞에 갈 날을 기다리며 그날에 '수고했다'는 한마디 말을 기대하면서 부족하나마 최선을 다해 권능을 구하고, 복음을 증거하며 사는 이유이다.

충만

초판 1쇄 발행	2011년 4월 1일
초판 8쇄 발행	2013년 9월 3일
지은이	김길
펴낸이	여진구
책임편집	김아진, 최지설
편집 1실	안수경, 이영주, 박민희
기획·홍보	이한민
책임디자인	이유아, 전보영 ｜ 이혜영, 정해림
마케팅	김상순, 강성민, 허병용, 이기쁨
마케팅지원	최태형, 최영배, 이명희
제작	조영석, 정도봉
경영지원	김혜경, 김경희
이슬비전도학교	엄취선, 전우순, 최경식
303비전성경암송학교	박정숙, 정나영, 정은혜
303비전장학회 & 303비전꿈나무장학회	여운학
펴낸곳	규장

주소 137-893 서울시 서초구 양재2동 205 규장선교센터
전화 02)578-0003 팩스 02)578-7332
이메일 kyujang@kyujang.com 홈페이지 www.kyujang.com
트위터 twitter.com/_kyujang 페이스북 facebook.com/kyujangbook
등록일 1978.8.14. 제1-22

ⓒ 저자와의 협약 아래 인지는 생략되었습니다.
이 출판물은 저작권법에 의해 보호를 받는 저작물이므로 무단 전재와 무단 복제를 할 수 없습니다.

책값 뒤표지에 있습니다.
ISBN 978-89-6097-196-7 03230

규 ｜ 장 ｜ 수 ｜ 칙

1. 기도로 기획하고 기도로 제작한다.
2. 오직 그리스도의 성품을 사모하는 독자가 원하고 필요로 하는 책만을 출판한다.
3. 한 활자 한 문장에 온 정성을 쏟는다.
4. 성실과 정확을 생명으로 삼고 일한다.
5. 긍정적이며 적극적인 신앙과 신행일치에의 안내자의 사명을 다한다.
6. 충고와 조언을 항상 감사로 경청한다.
7. 지상목표는 문서선교에 있다.

하나님을 사랑하는 자 곧 그의 뜻대로 부르심을 입은 자들에게는 모든 것이 合力하여 善을 이루느니라(롬 8:28)

규장은 문서를 통해 복음전파와 신앙교육에 주력하는 국제적 출판사들의 협의체인 복음주의출판협회(E.C.P.A:Evangelical Christian Publishers Association)의 출판정신에 동참하는 회원(Associate Member)입니다.